Périgord

Text Jean-Luc Aubarbier, Michel Binet
Fotos Jean-Pierre Bouchard

Éditions OUEST-FRANCE

PÉRIGORD
Angoulême
Nontron
PÉRIGORD VERT
Périgueux
PÉRIGORD BLANC
PÉRIGORD NOIR
Sarlat-la-Canéda
Bergerac
PÉRIGORD POURPRE
LES BASTIDES
HAUTE-VIENNE
CHARENTE
CORRÈZE
DORDOGNE
GIRONDE
LOT
LOT-ET-GARONNE
Montbron
Bussière-Badil
Piégut-Pluviers
Varaignes
Teyjat
La Coquille
Nontron
Saint-Yriex-la-Perche
Jumilhac-le-Grand
Villebois-Lavalette
Les Bernardières
Mareuil
Vieux Mareuil
Cherval
Puyguilhem
Boschaud
Villars
Saint-Jean-de-Côle
Thiviers
Isle
Lanouaille
Arnac-Pompadour
Champagnac-de-Belair
Brantôme
La Chapelle-Faucher
Savignac-Lédrier
Excideuil
Verteillac
Bourdeilles
Sorges
Grand-Brassac
Agonac
Hautefort
Tourtoirac
Aubeterre
Chalais
Dronne
Ribérac
Merlande
Château-l'Évêque
Savignac-les-Eglises
Auvézère
Saint-Privat
Chénaud
Saint-Aulaye
Chancelade
Trélissac
Périgueux
Ajat
Terrasson-la-Villedieu
Saint-Pantaléon
La Roche-Chalais
Saint-Astier
Thenon
Rastignac
Condat
Larche
Neuvic
Grignols
L'Herm
Montignac
Regourdou
Vézère
Saint-Amand-de-Coly
Rouffignac
Fanlac
Thonac
Lascaux
La Grande Filolie
La Vermondie
Losse
Mussidan
Vergt
Saint-Léon-sur-Vézère
Belcayre
Saint-Geniès
Le Moustier
Sergeac
Salignac-Eyvigues
Castelmerle
Montréal
Les Cent Mammouths
La Madeleine
La Roque-St-Christophe
Beune
Montpon-Ménestrol
Tursac
Laussel
Laugerie Haute
Le Grand Roc
Cap Blanc
Marquay
Eyrignac
Villefranche-de-Lonchat
Le Bugue
Les Eyzies
Sireuil
Commarque
Souillac
Combarelles
Font-de-Gaume
Sarlat-la-Canéda
Puymartin
Paunat
Saint-Michel-de-Montaigne
Trémolat
Limeuil
La Roque
Paluel
Proumeyssac
Saint-Cyprien
Beynac-et-Cazenac
La Roque-Gageac
Montfort
Fenelon
Sainte-Foy-la-Grande
Montcaret
Bergerac
Lalinde
Dordogne
Sainte-Mondane
Vitrac
Les Milandes
Castelnaud
Lanquais
Couze
Molières
Cadouin
Siorac-en-Périgord
Cénac
Domme
Monbazillac
Belvès
Beaumont
Bridoire
Issigeac
Monferrand
Gourdon
Monpazier
Besse
Salviac
Eymet
Castillonnès
Drot
Villefranche-du-Périgord
Biron
Miramont-de-Guyenne
Fumel
Cahors
Lot
Villeneuve-sur-Lot
Tonneins
0 5 10 15 20 25 km
Wälder
Bastiden
Schlösser/Burgen
Romanische Kirchen
Prähistorische Stätten
Sehenswürdigkeiten

Inhalt

Unten
Die Dächer von Sarlat.

Einführung

GEOGRAFISCHES UND WIRTSCHAFTLICHES PÉRIGORD

Das Département der Dordogne (9 225 km2, flächenmäßig das drittgrößte Frankreichs) ist administrativ der Region Aquitaine angeschlossen, die es im Süden säumt, und seine heutigen Grenzen decken sich fast genau mit den Grenzen der ehemaligen Provinz des Périgords. Es liegt zwischen den kristallinen Hängen der letzten Ausläufer des Massif Central im Nordwesten und den fruchtbaren Alluvialebenen des aquitanischen Beckens im Südwesten und wird hauptsächlich von der Dordogne, der Isle, der Drome und der Vézère bewässert. Traditionsgemäß unterscheidet man das Weiße Périgord (um Périgueux und das Isle-Tal), das Grüne Périgord (Ribérac, Nontron, Jumilhac), das Schwarze Périgord (Südosten, Sarlat) und das Bergeracois (Süden, Südwesten). Zu diesen vier Regionen müssen die Waldlandschaften wie die Double oder das Landais (Westen) und die steinigen Vorsprünge der Kalkhochflächen (Causses) von Quercy um Nadaillac, Daglan und Thenon hinzugefügt werden. In diesem Landschaftsmosaik mit sehr persönlichen Reizen besitzt die um 380.000 Einwohner (über 500.000 im vorigen Jahrhundert) zählende und sehr ungleichmäßig verteilte Bevölkerung noch einen ausgeprägt ländlichen Charakter. Abgesehen von einigen bedeutenden Industriesektoren, wie dem des Holzes und dessen Derivate, des Leders, der Schuhindustrie oder der landwirtschaftlichen Ernährungsprodukte, stellt die Landwirtschaft (Getreideanbau, Viehzucht) den wesentlichen Teil der Aktivität dar. Das Périgord ist in der Tat der größte Produzent von Tabak und Erdbeeren und der zweitgrößte Produzent von Walnüssen und Mastgeflügel.

Linke Seite
Vom Kalvarienberg bei Beynac schweift der Blick über das Dordogne-Tal: rechts Schloss Fayrac, im Hintergrund Burg Castelnaud.

Rechts
In Castels im schwarzen Périgord werden Tabakblätter getrocknet.

Oben
Prähistorisches Zentrum Le Thot bei Montignac: der Auerochse, Vorfahre unseres Hausrinds.

Unten
Zwischen Les Eyzies und Meyrals schmiegt sich die Höhle von Font-de-Gaume in die Felswand.

UNTERIRDISCHES PÉRIGORD PRÄHISTORISCHES PÉRIGORD

Das Périgord besitzt zahlreiche **Höhlen**, die für die Öffentlichkeit geöffnet sind und die alle einen Besuch verdienen: natürlich Tropfsteinhöhlen, wie die von Domme oder Grand-Roc, Les Eyzies, **Abgründe**, wie den von Proumeyssac, in der Nähe von Bugue, aber insbesondere die berühmtesten prähistorischen Höhlen, die bis heute bekannt sind (insgesamt achtundvierzig). Hier, auf diesem unter allen privilegierten Erdboden, findet man die stärkste Konzentration prähistorischer Spuren. Man zählt in der Tat etwa hundert geschichtlich bedeutsame Anlagen, Zufluchtsstätten unter Felsen, Höhlen, wo unsere entfernten Vorfahren mehrere zehntausend Jahre vor den Pyramiden gewollt oder ungewollt ergreifende Spuren ihres irdischen Lebens hinterlassen haben. Und was für Spuren! Angesichts der gemalten Pracht der Gewölbe von **Lascaux** hat der „Papst der Vorgeschichte", der Abbé Breuil, den einzigen Vergleich gezogen, der sich aufdrängte: „Die Sixtinische Kapelle der Vorgeschichte". Die ursprüngliche Höhle ist für die Öffentlichkeit geschlossen, da die zu zahlreichen Besichtigungen drohten, dieses einmalige Erbe für immer zu beschädigen, aber, einige Meter von ihr entfernt, erlaubt eine bewundernswert getreue und präzise Nachbildung die Betrachtung der berühmten Friese.

Obwohl sich das Périgord nicht brüsten kann, die Wiege der Menschheit zu sein (auch wenn dort **der Cro Magnon** entdeckt wurde), hat der Mensch doch in diesen Tälern, längs der ockerfarbenen Felswände, die

Kunst erfunden. Viele Landschaften des Schwarzen Périgords haben ihren Namen charakteristischen kulturellen Fazies einer Epoche gegeben, wie dem **Moustérien** und dem **Magdalénien**, um nur die bekanntesten zu nennen, und hier hat sich auch seit Ende des letzten Jahrhunderts die prähistorische Wissenschaft entwickelt hat. Die größten Prähistoriker, Capitan, Peyrony, Leroi-Gourhan und Breuil haben hier gearbeitet. Neben Lascaux hat dieser letztere zwei weitere Höhlen von Les Eyzies unter den sechs schönsten unseres Planeten eingestuft: **Font de Gaume** und **Les Combarelles**. Wenn der Zauber ihrer Ritzzeichnungen und Wandmalereien von Pferden, Steinböcken, Rentieren und sonstigen Bisons wirkt, darf nicht gezögert werden. Man muss bis nach Rouffignac weiterfahren und dort ins Erdinnere eindringen, um mit dem Zug durch die kilometerlangen Galerien der „Höhle der hundert Mammute" zu fahren. Dies ist, zusammengefasst, der außergewöhnliche prähistorische Reichtum des „Lands des Menschen", der Welthauptstadt der Vorgeschichte, **Les Eyzies**, dieses fürstlichen Weges, zum **Erbe der Menschheit erklärt**, den **das Tal der Vézère** darstellt.

Unten
Eine Kuriosität des Vézère-Tals: die in die Felswand gehauene Burg Reignac.

DAS HISTORISCHE PÉRIGORD

Wir wissen nur sehr wenig über unsere Vorfahren, die Pétrocoren. Sie nahmen wie andere Volksstämme am Widerstand gegen Rom teil. Sehr viel spektakulärer, da hauptsächlich in zwei oder drei bedeutenden Anlagen konzentriert, sind die Überreste aus der galloromanischen Zeit: **gigantische Turmgerippe, Domus von Vésone und Arenen** in Périgueux (vormals Vésone), fesselnde **Sammlungen**, Ergebnis zahlreicher archäologischer Kampagnen, im **Museum des Périgords**, bedeutende Ruinen von **Villen** in Montcaret, romanischer Turm des Schlosses von La Rigale in Villetoureix. Aus dieser Epoche stammen wahrscheinlich die ersten „Cluzeaux", künstliche Grotten, unter- oder oberirdisch. Diese Schutztunnel und Späherposten konnten manchmal ganze Bevölkerungen aufnehmen. Julius Caesar versichert uns, dass bereits die Gallier dort Unterschlupf fanden. Man sieht sie fast überall, und die Felswände, die nicht ausgehöhlt wurden, sind ziemlich rar.

Im Anschluss an die Invasion der Barbaren wurde das Périgord – kurzlebiger Besitz der Westgoten im 5. Jh. – nach der Schlacht von Vouillé dem Reich von Clovis angeschlossen und war den Umschwüngen der Politik seiner Nachfolger ausgesetzt. Diese praktisch allgemeine Wirrnis erreichte ihren Höhepunkt während der wiederholten Feldzüge von Pippin dem Kleinen gegen den Herzog von Aquitanien, **Waïffre**. Der letztere wird schließlich ermordet, wahrscheinlich in den Wäldern von La Double. Die ganze Region, unter Karl dem Großen zur Grafschaft erhoben, wurde ab 850 mehr als hundert Jahre lang von den **Wikingern** verwüstet. Nachdem es unter Karl dem Kahlen eine Zeitlang dem Angoumois angeschlossen war, ging das Périgord einige Jahre vor dem Jahr Eintausend in den Besitz des Hauses der de La Marche über, aus dem die **Talleyrand** hervorgegangen sind, die dem Périgord mehrere Grafen schenkten und fünfhundert Jahre lang regierten. Unsere ältesten herrschaftlichen Familien treten in dieser Epoche auf: die Taillefer, die Biron, die Hautefort... Die Unabhängigkeit dieses Adels wird auf perfekte Weise durch Adalbert, Graf von Périgord, illustriert, der auf die Frage von Hugues Capet: „Wer hat Euch zum Grafen gemacht?" antwortete: „Wer hat Euch zum König gemacht?"

Unsere ersten Meisterwerke der Baukunst entstanden wirklich ab dem 11. und 12. Jh., also ab einer Zeit, in der sich nach und nach das Lehnswe-

Links

Mosaikarbeiten aus gallisch-römischer Zeit in Montcaret.

sen entwickelte. Überall erheben sich hunderte von **romanischen Kirchen**, in der Mehrzahl recht bescheiden, aber einige darunter mit prächtigen Kuppeln auf **Gewölbezwickel** (Saint-Front de Périgueux, Cherval, Trémolat...). Insbesondere das Ribéracois kann bezaubernde Kirchen aufweisen. Diese Zeit ist eine wahre Epoche des Erwachens, der Umwandlung, des Aufschwungs. Die Kunst der **Troubadoure** blüht auf mit Arnaud Daniel, Arnaud de Mareuil und insbesondere mit **Bertran de Born**. Romanische Skulpturen und Fresken schmücken unsere Kirchen und laden zum Gebet ein (Besse, Cénac, Grand-Brassac...). Benediktiner-, Zisterzienser- und Dominikanerabteien und -prioreien und Templerkommenden bezeugen die Verwurzelung des christlichen Glaubens. Eine Zeit der Erneuerung, aber auch eine Zeit der Ungewissheit. Seit dem Anschluss von Guyenne an die Krone der Plantagenêts (als Folge der Heirat von Aliénor d'Aquitaine im Jahre 1152) ist das Périgord rechtmäßig der englischen Oberhoheit unterstellt. In der Tat schwankt es, da es an der Grenze der Einflussbereiche von zwei Monarchien liegt, lange zwischen den beiden Dynastien. Mehr als dreihundert Jahre praktisch unaufhörlicher Kämpfe bis zum Jahr 1453, Ende des Hundertjährigen Krieges, zerrütten es und gestalten nachwirkend seinen Charakter.

Oben
Templerkreuze zieren die Grabnischen in Sarlat.

Unten
Kathedrale Saint-Front in Périgueux.

Wie bei den normannischen Invasionen flüchten sich die Bevölkerungen in die Cluzeaux und in die zahlreichen **Höhlenforts**. Die berühmtesten Anlagen von La Roque-Saint-Christophe und La Madeleine waren ebenfalls seit der Vorgeschichte bewohnt. Herrliche und schlichte **Wehrkirchen** (Saint-Amand-de-Coly, Tayac, Trémolat, Paunat...) ragten über die Lauzes-Dächer der Häuser empor, die sich schutzsuchend in ihrem Schatten aneinander drängten. Das ganze Land bedeckte sich mit stolzen und furchterregenden **Burgen**. Beynac, Castelnaud und Commarque sind – neben vielen anderen – die herrlichsten Beispiele. Im Westen und im Süden entstanden ab dem 13. Jh. mehrere Städte, überlegte Gründungen, von denen die meisten königliche oder gräfliche Städte, **Bastiden** genannt, waren. Sie sind Mittelpunkte für das Sesshaftmachen der Bevölkerungen, besitzen Charten, sind englisch oder französisch und nach geometrischem Plan um einen zentralen Platz mit Eckpfeilern gebaut. Domme, Monpazier und Beaumont haben ihren ungeminderten mittelalterlichen Reiz bewahrt.

Nachdem der Hundertjährige Krieg 1453 in der Ebene von Castillon am

Oben

Das imposante Stadttor Porte des Tours von Domme.

Mitte

Die romanische Kirche Saint-Martin in Castels, unweit von Saint-Cyprien.

Unten

Malerisch erhebt sich Beynac aus den Nebelschwaden.

Ufer der Dordogne endete, entfaltet sich am Ende des 15. und am Anfang des 16. Jh., in einer ruhigeren Zeit, die **städtische Baukunst**. Périgueux, Bergerac und Sarlat schmücken sich mit den schönsten Wohnsitzen im Stil der Gotik und der Renaissance. Auf dem Land lässt der Adel die meisten unserer **1200 Schlösser**, Landsitze und Herrenhäuser errichten.

Sie waren ab der zweiten Hälfte des 16. Jh. Angriffen, Plünderungen und Bränden ausgesetzt, denn die Religionskriege erreichten im Périgord eine rare Heftigkeit. Bergerac war in dieser Zeit mit La Rochelle eine der stärksten hugenottischen Hochburgen. Nach diesen Kriegen wird das Périgord, Lehen von Heinrich von Navarra, endgültig der Krone angeschlossen und ist von dieser Zeit den politischen Umschwüngen des französischen Landes ausgeliefert – von der Revolution bis zu den tragischen Stunden des Widerstandes. Man wird ebenfalls an seine **berühmtesten Figuren der Literatur** erinnert: Bertran de Born, Michel de Montaigne, Etienne de la Boëtie, Brantôme, Fénelon, Maine de Biran, Eugène Le Roy, André Maurois; an seine größten „Kapitäne": Talleyrand, Saint-Exupéry, Biron... und sogar an Joséphine Baker. Einige **Ruinen** (La Chapelle-Faucher, l'Herm)... hüten in ihren Mauern die Erinnerung an die Tragödien, die sich in ihnen abspielten. Viele unserer Schlösser können besichtigt werden und andere – wie Bourdeilles oder Mareuil – bergen bemerkenswerte **Sammlungen**.

Neben seinen Schlössern, seinen Kirchen, seinen Bastiden und unterirdischen Festungen hat das Périgord aus vergangenen Jahrhunderten **reizende Dörfer** bewahrt, die noch heute ihre **Markthalle**, ihre **Taubenhäuser**, ihre **Bories** (Steinhütten), ihre Kirche, ihre Abtei und ihr Schloss oder ihre Schlösser vorzeigen können. Saint-Léon-sur-Vézère, Condat, Saint-Jean-de-Côle, La Roque-Gageac erscheinen so neben vielen anderen wie wahre Kleinode der Baukunst. Und die alten Stadtviertel von Périgueux oder Bergerac, restauriert und als Fußgängerzonen eingerichtet, haben ihren früheren Charme wiedergefunden. Einige kleine Städte wie Brantôme, Issigeac, Eymet oder Mareuil haben es verstanden, den manchmal unglücklichen Verwandlungen des modernen Lebens zu widerstehen. In dieser Hinsicht müssen Sarlat und das Schwarze Périgord besonders hervorgehoben werden.

Unten
Die mit Steinplatten oder Lauze gedeckten Dächer von Saint-Geniès.

DAS GASTRONOMISCHE PÉRIGORD

Es gibt Worte, die an rabelesischere Freuden als Schlösser, Landschaften, Kirchen oder Grotten denken lassen. Es sind Worte, die den Gaumen von Feinschmeckern und Schlemmerern angenehm kitzeln. Sie lauten: eingelegtes Gänsefleisch, getrüffelte Pasteten, Entenfilets, Omelette mit Steinpilzen, gefüllter Gänsehals, Walnusskuchen..., genug, um die strengsten Partisanen von kalorienreichen Diäten zu verdammen. Sagen wir es klipp und klar, die Küche des Périgords passt sehr schlecht in eine solche Diät. Sie ist kalorienreich, nahrhaft und beruht hauptsächlich auf gesunden ländlichen Produkten. Es ist eine erdverbundene Nahrung, rustikal und schmackhaft, die renommierte Küchenchefs der modernen Ernährung angepasst haben. Hier im Périgord darf man sich nicht wundern, wenn der Tischnachbar nach der Suppe oder dem „Tourin" Wein in seinen Teller gießt und **„Chabrol"**

Rechts
Hart zu knacken: die Walnuss.

praktiziert. Unsere Gastronomie geht nämlich aus einer langen Bauerntradition hervor.

Man muss einfach die „Mique" probieren, die am Weihnachtsabend Jacquou Le Croquant genoss, oder den „Pastis", jenen Apfelkuchen, der ebenfalls unseren Nachbarn von Quercy so gut gelingt; man muss das eingelegte Gänse- oder Entenfleisch kosten, die Kartoffeln nach Art von Sarlat, die „Périgueux"-Sauce, die Rebhühner mit Morcheln... und die Weine des Gebiets von Bergerac: den Montbazillac, den Pécharmant, den Montravel, den Montaigne so sehr schätzte, den von Rabelais gerühmten Saussignac und schließlich... und schließlich gibt es die **Trüffel**, unseren schwarzen Diamanten, selten und gefragt, der..., aber hören wir auf damit und überlassen wir dem Feinschmecker das unsägliche Vergnügen, selbst die schönsten Kleinode dieser Kochkunst zu entdecken, die für viele unserer Landsleute einer wahren Lebenskunst gleichkommt, einer „**Schlemmermaul-Wissenschaft**".

Links
Weinstöcke im Bergeracois.

Oben rechts
Vorsichtig wird der Trüffelpilz ausgegraben.

Unten rechts
Schmackhafte Steinpilze aus dem Périgord.

DAS HEUTIGE UND DAS IMMERWÄHRENDE PÉRIGORD

Da sie einen solchen künstlerischen Reichtum besitzen, ist es nicht überraschend, dass sich in unseren Gebieten ein spezieller Tourismus entwickelt hat, den man angebrachterweise als „kulturell“ bezeichnen muss, denn so sehr trifft es zu, dass man nicht aus Zufall in das Périgord kommt. Selbst wenn Höhlen und Schlösser dem Besucher kein Geheimnisse mehr böten, blieben für ihn noch tausend andere Dinge zu entdecken: Megaliths, Flussfahrten im Paddelboot, Spaziergänge in den Wäldern, abseits gelegene Weiler dort, wo die Fahrbahn plötzlich auf einem Bauernhof oder an einem

Ententeich endet... Er kann noch die gallischen Festungsanlagen besichtigen, die „Feldlager Caesars", die unzähligen Wege, auf die ihn sein Wissensdurst getrieben hat. Dazu kann er in einem der zahlreichen Hotels, Campingplätze, Gästezimmer und anderen Bauerngasthöfen absteigen, die einen **guten Empfang** sichern. Diese letzteren erlauben außerdem, im ländlichen Milieu zu leben und dadurch den wahren Schatz des Périgords kennen zu lernen, nämlich seine Menschen.

Dies ist es, wozu wir den Besucher einladen möchten. Wenn seine Reisekunst der von Montaigne entspricht, wenn er „keine bestimmte Linie zieht, weder gerade noch gebogen", wenn er sich also nach dem Beispiel des berühmtesten Périgourdin die Zeit lässt, zu betrachten und nicht nur zu sehen, zu spüren und zu kosten, dann – und nur dann – wird ihm das Périgord wie eine Schöne alle ihre Reize enthüllen. Nur dann kann er das Périgord lieb gewinnen.

Oben
Périgord-Gänse vor den Steinhütten von Breuil.

Unten
Kahn auf der Dordogne bei La Roque-Gageac.

Rechts
Nussbäume, Weizen und Klatschmohn bilden die Kulisse im Umland von Bézenac.

Das schwarze Périgord

Das Schwarze Périgord, dessen Hauptstadt Sarlat ist, verdankt seinen Namen dem dunklen Laubwerk seiner Grüneichen und seiner Pflanzenwelt im allgemeinen. Es bietet dem Besucher die Magie seiner Landschaften. Dieses „goldene Dreieck“, das vom Tal der Vézère, dem fürstlichen Weg der Weltvorgeschichte und dem Tal der Dordogne mit herrlichen Schlössern begrenzt wird, hat es verstanden, seinen geheimen und gastfreundlichen Charakter zu bewahren.

SARLAT

Sarlat, geografische Mitte des Périgord-Quercy, ist bei weitem das **bedeutendste Reiseziel** der Region. Nahezu 1,5 Millionen Besucher entdecken jedes Jahr zum ersten Mal oder erneut dieses **mittelalterliche Kleinod**. Mit ihren 10.000 Einwohnern nimmt diese Unterpräfektur der Dordogne heute den ersten Platz im Fremdenverkehrs- und Kulturbereich ein. Obwohl Sarlat hauptsächlich eine Geschäfts-

Linke Seite
Hoch über dem Dordogne-Tal bezog Burg Beynac Wachposition.
Unten
Das imposante Patrizierhaus Magnanat in Sarlat.

stadt ist, ist dort auch die Industrie vertreten, insbesondere durch Unternehmen für landwirtschaftliche Ernährungsprodukte, von denen mehrere **Leberpastete** herstellen. Diese Leberpastete, die zu den bekanntesten Frankreichs gehört, hat dazu beigetragen, dem Périgord im allgemeinen und ganz besonders der Stadt den großen kulinarischen Ruf zu verleihen.

Obwohl Sarlat eine der weltweit bedeutendsten **Einheit des mittelalterlichen Städtebaus** aufweist (13.-16. Jh.), kann sich die Stadt nicht einer sehr alten Vergangenheit rühmen. Die erste Abtei von Sarlat wurde sehr wahrscheinlich zwischen 820 und 840 vom Herzog Pippin von Aquitanien gegründet. Der **heilige Bernard**, der den vom Katharismus gewonnenen Midi evangelisierte, rastete 1147 in Sarlat, wo eine Pestepidemie herrschte. Er gab den Kranken geweihtes Brot zu essen und bewirkte ihre Genesung. Dieses Ereignis, ja Wunder, wurde durch die Errichtung der seltsamen „**Totenlaterne**" kommemoriert, die noch eine heute eines der Symbole der Stadt ist. Die Stadt, die im Schutz der Religionsgemeinschaft gewachsen war, erwarb nach und nach ihre Autonomie: Aufhebung der Steuern 1204, **Wahl von Konsulen** ab 1223. Die vier Konsule und achtzig Schöffen, Vorfahren unseres Stadtrats, verwalteten die Stadt und hatten Rechtsgewalt. 1317 richtet der Papst aus Quercy, Jean XXII., das **Bistum** von Sarlat ein, das von nun an von der Diözese von Périgueux getrennt war. Während des Hundertjährigen Krieges wurde Sarlat trotz der Pest, die die Reihen der Verteidiger dezimierte, nie von den Engländern erobert. Der Verräter Donadei, der ein Komplott für die Übergabe der Stadt schmiedete, wurde **in einen Sack genäht** und **in die Cuze geworfen**. Der Vertrag von Brétigny (1360) lieferte die Stadt den Engländern aus, und der berühmte

Unten
Aus dem Dächermeer von Sarlat ragt markant der Kirchturm von Sainte-Marie hervor.

Hauptmann John Chandos erhielt ihren Schlüssel. Aber bei Wiederaufnahme der Kämpfe im Jahre 1370 Schloss sich Sarlat auf Betreiben von Du Guesclin, der gekommen war, um den Kampfgeist der Bürger neu zu wecken, dem Lilienbanner Karls V. an. Ab 1404 nahmen die Truppen aus Sarlat aktiv an der Wiedereroberung des Périgords bis zum endgültigen Sieg teil, der teuer erkauft wurde, denn der Krieg ließ die Diözese in Ruinen zurück. Zwischen 1450 und 1500 wurde die Hälfte der Gebäude der Stadt in einem Stil wiederaufgebaut, der bereits der der **Renaissance** war (die meisten architektonischen Meisterwerke der Stadt stammen aus dieser Epoche).

Armand de Gontaut-Biron, 1492 zum Bischof ernannt, unternahm die Fertigstellung der 1368 begonnenen Kirche Sainte-Marie. 1533 ließ ein neuer Bischof, ein Verwandter von Catherine de Médicis, der Florentiner **Nicolas Gaddi**, den Bischofspalast im italienischen Stil erbauen, der an die Kathedrale angrenzt. Trotz einer neuen Pestepidemie von 1521 bis 1522, während der 3.000 Tote gezählt wurden, entwickelte sich in der Mitte des 16. Jh. in Sarlat ein sehr bedeutendes kulturelles Leben. Der **Humanismus** der Renaissance verhinderte nicht den Ausbruch des religiösen Fanatismus. 1562 belagerte Duras die Stadt, die eine königliche Armee befreite. 1574 wurde Sarlat zum erstenmal in seiner Geschichte militärisch von **Geoffroy de Vivans** erobert, der die Reliquien des heiligen Sacerdos in alle vier Himmelsrichtungen zerstreuen ließ, bevor er seinerseits aus der Stadt vertrieben wurde.

Links
Sarlat: Die Kirche Sainte-Marie und ihre eindrucksvollen Portale sind dem Talent des Architekten Jean Nouvel zu verdanken.

Rechts
Prächtiger Blumendekor auf dem Place des oies von Sarlat mit den Patrizierhäusern Plamont und Vassal.

Links
Sarlat: die Statue von Etienne de la Boëtie.

Das tief im Périgord verlorene Sarlat hätte ohne das **Gesetz Malraux** vom 4. August 1962 in Vergessenheit geraten können. Vielleicht erinnerte sich der Kultusminister daran, dass er dem Widerstand angehört hatte, der sich in den Wäldern von Sarlat versteckt hielt, als er das **Renovations-** und **Restaurationsgesetz** unterzeichnete.

Die ab 1964 ausgeführten Arbeiten enthüllten der Öffentlichkeit einen wahren Schatz der **Kunst** aus dem **Mittelalter** und der **Renaissance**. Touristen und Cineasten übernahmen es dann, dieses Stückchen Erde, „das „ – nach Henry Miller, „dem Paradies am ähnlichsten ist", auf der ganzen Welt bekannt zu machen. Aber kommen wir nun zum berühmtesten Kind von Sarlat: **Etienne de La Boëtie** (1530-1563). Es ist Zeit, ihn nicht nur als einen Freund von Montaigne vorzustellen, sondern vor allem als einen großen Denker seines Jahrhunderts, mit noch immer aktuellen Ideen. Man kann noch gegenüber der Kathedrale das herrliche Haus bewundern, in dem er am **1. November 1530** in einer Familie achtbarer Bürger, Händler und Magistrate geboren wurde, die Sarlat bereits im 13. Jh. mehrere Konsule schenkte. Er war ein brillanter Student an der Universität von Orléans, zugänglich für alle neuen Ideen (sein Lehrmeister, Anne du Bourg, wurde wegen Ketzerei verbrannt) und war in das intellektuelle Milieu von Sarlat und Orléans getaucht, in dem er mit Dorat und Baïf verkehrte. In dieser Zeit schrieb er seinen „Discours sur la servitude volontaire". Dieser akute und Reisigbündel androhende Text lief heimlich um und wurde erst nach seinem Tod von den Protestanten veröffentlicht. La Boëtie ist auch der Verfasser zahlreicher ***Dichtungen***, darunter ein berühmtes Sonett, das dem Fluss Dordogne gewidmet war. Mit 23 Jahren trat er als Rat in das Parlament von Bordeaux ein und heiratete eine junge Witwe, Marguerite de Carle. 1558 traf er **Montaigne**, der drei Jahre jünger war und ihn bereits bewunderte („Wir suchten uns, bevor wir uns sahen") und der ihn immer als seinen Lehrmeister ansah („Er übertraf mich um eine unendliche Entfernung"). Ihre exemplarische **Freundschaft** dauerte sechs Jahre und lässt sich mit dieser nunmals berühmten Formel zusammenfassen, die aus den „Essais" stammt: „Wenn man mich drängt zu sagen, warum ich ihn liebte, weiß ich, dass sich dies nur mit der Antwort ausdrücken lässt: **weil es er war, weil es ich war**". Im Juni 1563 brach die Pest in Sarlat aus. La Boëtie erkrankt in Germinian, beim Schwager von Montaigne. Er starb am 18. August 1563. Sein Freund, dem er seine Büchersammlung und seine zahlreichen Manuskripte hinterließ, stand ihm in seinen letzten Stunden bei.

Wir beginnen die Besichtigung der mittelalterlichen Stadt mit dem **Place** de la **Grande-Rigaudie**, in dessen Mitte ein steinerner Etienne de La Boëtie unerschütterlich auf den Besucherstrom schaut. Durch die Rue de Tourny (ehemalige Hauptstraße) gelangt man zum **Place** du **Peyrou**, auf dem die Kathedrale Saint-Sacerdos steht. Kurz vor dem Platz bemerkt man links, an der Ecke der Rue Bonnel, eine schöne Fassade aus dem 13. Jh. und rechts den **Bischofspalast** mit doppelten Fensterkreuzen, der vom Bischof Nicolas Gaddi errichtet wurde. Auf dieses etwas steife Gebäude, dessen Fassade mit **steinernen** Atlanten, Männerköpfen und Ungeheuern verziert ist, wurde im 20. Jh. eine elegante „italienische" Galerie gebaut. Drei unter Denkmalschutz stehende Wohnsitze blicken auf den Eingang der Kirche: das mit Fachwerk stammt aus dem 16. Jh., das andere, ein ehemaliger Gasthof, aus dem 18. Jh. Das dritte, das man sofort bemerken wird, Symbol der Stadt, ist das prächtige **Haus von de La Boëtie**. Die reich verzierte Fassade ist ein Meisterwerk des von Italien beeinflussten **Renaissance-Stils.** Sie weist mit Medaillons und Pilastern umrahmte **Fenster** mit **skulptierten** Fensterkreuzen auf und ist mit verzierten Lukarnen und hohen Kaminen gekrönt. Auf der Außenseite bemerkt man das Lauzes-Dach, die mit Rosetten geschmückten Giebel und an den Wänden Lämmer, **Wappentiere** der de La Boëtie. (s. am Ausgang von Sarlat in Richtung Virac **das Schloss der de La Boëtie**, 16. Jh.).

Rechts
Sarlat: das Geburtshaus von Etienne de la Boëtie.

Die **Kathedrale Saint-Sacerdos**, ehemalige Benediktiner-Klosterkirche, wurde 1317 Bischofssitz. Vom romanischen Gebäude, das auf eine karolingische Konstruktion folgte, steht noch ein Vorhalle-**Glockenturm**, dessen im 17. Jh. neu angelegtes Portal **fünf Statuen** aufweist, deren Herkunft mysteriös ist (eine soll Atlas darstellen, der die Welt trägt) und die zeitlich schwer einzustufen sind. Von den drei Etagen des Glockenturms, der ein zwiebelförmiges Dach aus dem 18. Jh. trägt, schmückt sich die erste mit Blindbogen und die beiden anderen mit Fensteröffnungen. Die Kirche befand sich von 1318 bis 1790 in Bau. Der größte Teil des **Gebäudes** stammt aus dem **16. Jh**: das gewaltige Hauptschiff mit vier Jochen, verstärkt mit Querschiffen, besteht aus Spitzbogengewölben, die auf massiven Säulen ruhen. Es endet in einem fünfeckigen Chor, den ein Chorumgang und eine Apsis älterer Herkunft umgeben. Das **reiche Mobiliar** weist mehrere geschnitzte Altarblätter auf, eine mit dem Tetramorph verzierte Kanzel, Chorgestühl aus dem 18. Jh. sowie eine Nische aus dem 18. Jh., die authentische **Lépine-Orgeln** trägt, die zu den schönsten Frankreichs gehören. Ihr mächtiger Ton lässt die alten Mauern bei Konzerten vibrieren. Die Sakristei mit Spitz-

Oben
Sarlat: die Chorapsis der Kathedrale.

Unten
Sarlat: schön behauene Grabnische, wo einst Anne de Dautrerie ruhte.

bogengewölbe war im 14. Jh. ein Kapitelsaal. Wenn man die Kirche durch das südliche Querschiff verlässt und um das Gebäude geht, entdeckt man die kleine Kapelle der **Blauen Büßer** (oder von Saint-Benoît), die innen einen sehr reinen romanischen Stil aufweist. Anschließend überquert man den Cour des Fontaines und den Cour des Chanoines, der von schönen Häusern umgeben ist. Eine in einem Mauerwinkel verborgene Kreisbogenöffnung führt in den **Garten der Büßer** (oder der Grabnischen). Der ehemalige Friedhof der Stadt, dessen Terrassen mit uralten Grabsteinen geschmückt sind, wird auf einer Seite von der Kathedrale überragt und auf der anderen von der sonderbaren Silhouette der **Totenlaterne**, die vermutlich dem Turm der Kirche St. Sépulcre von Jerusalem nachempfunden ist. Der Ort strahlt einen friedlichen Charme aus, und im Sommer finden dort Veranstaltungen statt (Konzerte, Theater). Wenn man um die Apsis geht, entdeckt man die „Enfeus", Steinnischen, die die Sarkophage der Notabeln von Sarlat enthielten. Eine Treppe führt zu der **Totenlaterne.** Die Bestimmung dieses geheimnisvollen granaten- oder raketenförmigen Gebäudes aus dem 12. Jh. ist unbekannt.

Rechts
Die Totenlaterne von Sarlat, welche die Grabnischen überragt.

Wenn man die steile und mit alten Häusern gesäumte Rue Montaigne überquert, gelangt man in die enge **Rue d'Albusse**, wo ein riesiges Haus mit dreifachem Hauptgebäude und den Hausnummern 2-4 die Eskapaden des Generals **Fournier-Sarlovèze** schützte. Am Ende der Rue d'Albusse, in der Rue de la Salamandre, die in die Stadtmitte hinunterführt, sieht man mit der Nr. 1 das **Hôtel de Grézel** mit seinem Vieleckturm und einem Portal aus dem 15. Jh., das mit einem Salamander verziert ist, einem Fabeltier, das zu dem Wappen von Sarlat gehört. Oberhalb des Hôtel de Grézel, an der Hausnummer 6 der Rue du Présidial, weist das im 16. Jh. erbaute, aber im 18. Jh. umgebaute **Hôtel de Genis** (oder de Beaupuy) einen Portalvorbau mit Pilastern auf, der einen dreieckigen Giebel sowie eine mit einem Vordach bedeckte Galerie trägt. Auf der rechten Seite, in der Rue Landry, steht eines der schönsten Gebäude der Stadt, vor dem ein Garten liegt: das **Présidial**, ehemaliger **Gerichtshof**, 1552 eingerichtet von Heinrich II., der im 17. Jh. bis zu zehn Staatsanwälte und dreizehn Rechtsanwälte zählte. Seine beiden großen Loggia-Fenster, seine mit wildem Wein bedeckte und mit einer seltsamen **kleinen Laterne** gekrönte Fassade haben viel Charme. Am Ende der Rue du Présidial, die von verschiedenen, in die Wälle einbezogenen Häusern gesäumt ist, erreicht man die Rue Fénelon.

Auf der linken Seite, nach einem Wohnsitz aus dem 16. Jh., findet man mit der Hausnummer 16 das **Hôtel de Salignac** aus dem 15. und 18. Jh., in dem die Tanten von Fénelon wohnten. Es hat einen Wasserspeier und auf der Rückseite ein gotisches Fenster. Gegenüber, mit der Hausnummer 13, steht das schöne Hôtel d'Aillac (16. Jh.) mit seinem Vieleckturm, seinen Renaissance-Fenstern und seinem spitzen Kamin. Dieses Gebäude war im 17. Jh. ein Kloster der Gläubigen Frauen. Wenn man die Straße hinuntergeht, kann man mit den Hausnummern 8-10-12 und 14 vier Wohnsitze aus dem 15. Jh. mit Renaissance-Fenstern bewundern und an der Nr. 6 ein Portal aus dem 17. Jh. An der Nr. 3 steht hinten auf einem Hof das **Hôtel de Gérard** (oder du Barry) aus dem 14. und 18. Jh., das vormals eines der schönsten Häuser der Stadt war. Das große Gebäude hat noch heute eine Säulengalerie, ein Portal mit Giebel und ein gotisches Fenster. Unten in der Rue Fénelon (Nr. 1) steht ein schönes abgerundetes Gebäude aus dem 17. Jh., dessen Erdgeschoss Arkaden aufweist und dessen Lukarnen mit

Links
Ehemaliger Gerichtshof oder Présidial von Sarlat.

Rechts
Pforte am Patrizierhaus Mirandol.

Skulpturen verziert sind. Es verbirgt auf seinem Hinterhof den Turm eines **Herrenhauses aus dem 15. Jh.** und einen gotischen Portalvorbau, der mit skulptierten Figuren verziert ist.

Auf dem Place de la Liberté, Zentrum von Sarlat, steht das schöne **Rathaus**, das 1615 von einem Architekten aus Monpazier, Henri Bouyssou, errichtet wurde. Es hat im Erdgeschoss überdachte Arkaden und im ersten Geschoss einen Balusterbalkon, über dem sich ein Fries befindet. Das Dach trägt einen kleinen Glockenturm. Dieser herrliche **Place de la Liberté** (ehemals Place Royale), auf allen Seiten von alten Häusern gesäumt und mit Arkaden aufgelockert, strahlt große Harmonie aus. Er dient als Rahmen für das Theaterfestival und inspirierte praktisch alle Cineasten, die zu Dreharbeiten in das Schwarze Périgord kamen: von Jacques Ertaud für „Sans Famille" bis Frank Roddam für „La Promise" über Robert Hossein, der dort das Schafott der „Misérables" aufstellen ließ. Gegenüber vom Rathaus entdeckt man mit den Nr. 5 und 6 ein Haus mit Arkaden und einer Fassade aus dem 18. Jh. und mit der Nr. 7 das wunderschöne **Hôtel de Vienne** (oder de Maleville) mit doppelter Fassade, in dem Jean de Vienne, Oberaufseher der Finanzen von Heinrich IV. und die Nachkommen des Juristen Jacques de Maleville lebten. Dieses wahre kleine Schloss weist einen nach hinten versetzten, quadratischen Treppenturm sowie ein Renaissance-Portal auf, dessen Tympanon mit einem Medaillon verziert ist, auf dem man Heinrich IV. und Gabrielle d'Estrée (oder Marie de Médicis) erkennt. Im Hauptgebäude, das ein vorkragendes Türmchen trägt, öffnen sich auf beiden Seiten Fenster, die durch steinerne Fensterkreuze unterteilt sind. Auf dem Platz beherbergt ein ehemaliger Laden mit drei herrlichen **Renaissance-Fenstern** das Verkehrsbüro. Im Haus verstecken sich eine Decke im französischen Stil sowie ein bemalter und skulptierter Kamin, der einen Hirsch zwischen zwei Hunden erkennen lässt. Unterhalb des Rathauses verliert sich ein Gässchen in einer überdachten Passage. Gegenüber dem Hôtel de Vienne steht mit der Nr. 5 das Hôtel de Dautrerie aus dem 14. Jh. In seinem Erdgeschoss befand sich früher ein Laden. Die Spitze seines Giebels ist mit einem Leoparden verziert. Der in einer Sackgasse versteckte Eingang führt zu einer herrlichen Renaissance-Treppe. In der Verlängerung des Platzes, der mit alten Fassaden gesäumten **Rue de la Liberté**, öffnet sich eine Perspektive auf den Glockenturm und die Kathedrale. Rechts sieht man ein Gebäude mit einem runden Turm, gefolgt von drei Fachwerkhäusern (Nr. 2-4 und 8). In einem Gässchen sieht man den mit Skulpturen verzierten gotischen Vorbau des Hôtel de la Mothe, der mit einem schönen, mit Nägeln beschlagenen Tor verschlossen ist.

Links
Das Rathaus von Sarlat.

Rechts
Patrizierhaus Vienne in Sarlat.

Wenn man hinter dem Haus von de la Boëtie rechts abbiegt, kommt man zu einem wahren Netz **kleiner Höfe**, die durch Gewölbedurchgänge getrennt sind, ein perfektes Beispiel für den Städtebau im Mittelalter. Das Ganze bildet ein Gewirr von Fachwerkhäusern, Mauervorsprüngen und Türmchen; man hat den Eindruck, jeden Augenblick vor einer Sackgasse zu stehen, aber das Gässchen führt durch eine kleine Tür weiter. Durch die **Rue Albéric-Cahuet**, die uralte Häuser, das ehemalige Spital und die Rückseite des Hôtel de Vienne zu entdecken erlaubt, kommt man zur **Kirche Sainte-Marie**, die von 1368 bis 1479 errichtet wurde und die man bereits vom Place de la Liberté aus sehen kann. Das Gebäude wurde verunstaltet und das zerstörte Chorhaupt durch monumentale Portale ersetzt, die dem Talent des Sarlat stammenden Architekten Jean Nouvel zu verdanken sind. Es verbleiben zwei mit Lauzes gedeckte Gewölbejoche des Hauptschiffes, die Seitenkapellen und ein kriegerisch anmutender Glockenturm, der sein Dach eingebüßt hat und mit Statuen und monstruösen **Wasserspeiern** geschmückt ist. Das Hauptschiff beherbergt einen überdachten Markt; ein Panorama-Aufzug soll im Turm Platz finden. Wenn man rechts um die Kirche geht, entdeckt man das prächtige **Hôtel Chassaing** aus dem 16. Jh., das aus zwei Hauptgebäuden

Unten
Patrizierhaus Vassal in Sarlat.

besteht, die durch einen sechseckigen Treppenturm miteinander verbunden sind und eine herrliche natürliche Kulisse für das Theaterfestival darstellen. Eines der Hauptgebäude zeigt – Seite an Seite – ein dreiteiliges gotisches Fenster mit kleinen Säulen und eine Fensteröffnung mit steinernen Fensterkreuzen aus der Renaissance.

Oberhalb dieses Gebäudes führt die **Rue Magnanat** bis zum Haus des **königlichen Notars** hinauf, das ein bemerkenswertes Portal aus dem 17. Jh. besitzt und führt dann, an neuen und interessanten Vorbauten vorbei, wieder hinunter. Auf der anderen Seite der Kirche beginnt die **Rue des Consuls**, die ehemalige Hauptstraße, die alle Häuser der Notabeln von Sarlat vereinte. Rechts, mit der Nummer 9, steht auf dem winzigen Place du Marché aux Oies das **Hôtel de Vassal** aus dem 15. Jh. Es ist vielleicht mit seinem doppelten Wartturm, der die beiden winkelförmig angeordneten Gebäude miteinander verbindet, in denen sich Fenster mit Steinkreuz öffnen, das malerischste Haus der Stadt. Das Hôtel de Labrousse (17. Jh.) hat die Nummer 14. Etwas weiter links, mit den Nummern 8-10, steht das berühmteste Herrenhaus von Sarlat, das **Hôtel Plamon**, das von jener großen Tuchhändler-Konsularfamilie errichtet wurde, die im 14. Jh. in den Adelsstand erhoben wurde. Es soll das **Museum des Gebietes von Sarlat** aufnehmen (Geschichte, Geografie, Volkskunst und Volkstraditionen). Seine Architektur, in der die Jahrhunderte mehrere Stile übereinandergeschichtet haben, ist harmonisch geblieben. Im Erdgeschoss und im ersten Stock öffnen sich **Spitzbogen aus dem 14. Jh.**, wahre Spitze aus Stein, während der zweite Stock Fensteröffnungen mit Steinkreuzen aus dem 15. Jh. aufweist. Der Vorbau und der Treppenturm stammen aus dem 17. Jh. Auf der Fassade bemerkt man verschiedene **Skulpturen** (obszön, Hunde, Personen) und die Haken, die an Festtagen das Aufhängen von Bannern und Wandteppichen erlaubten. Genau gegenüber befinden sich die kühle **Fontäne Sainte-Marie** mit Spitzbogengewölbe und das **Hôtel de Mirandol** (15. Jh.) mit Giebelvorbau. An der rechtwinkligen Straßenecke erlaubte eine schöne **Steintrompe**, gekrönt von einer Terrasse und einem schönen schmiedeeisernen Gitter, das Abbiegen der Kutschen. Das **Hôtel de Betou** (15. Jh.) trägt die Nummer 6 und zeigt eine bemerkenswerte Holztreppe aus dem 17. Jh. Dahinter trifft die Rue des Consuls auf die Hauptstraße.

Vor Besichtigung des westlichen Stadtteils können Sie einen Blick auf die Hauptstraße werfen, die Rue de la République, die von den Einwohnern

Oben
Sarlat: Gotische Fenster zieren das Patrizierhaus Plamon.

Sarlats „La Traverse“ genannt wird und die zwischen 1837 und 1840 mitten durch die alten Stadtviertel gezogen wurde. Am Portal des kürzlich restaurierten Patrizierhauses Cidrac (15. Jh.) ist der Psalm „Der Herr behüte deinen Ausgang und Eingang“ zu lesen.

Gegenüber der Rue des Consuls öffnet sich die **Rue des Armes**, die durch ein wunderschönes **Haus mit Fachwerk** und Spitzbögen (15. Jh.) versperrt zu sein scheint. In der Fassade des Hôtel de Ravilhon (15. Jh.), das die Hausnummer 2 trägt, öffnen sich Spitzbogenfenstern mit Steinkreuzen. Die Straße führt unter einem Haus aus dem 15. Jh. hindurch, am Wachhaus (14. Jh.) und Geldwechsler-Haus vorbei und dann hinauf bis zu den Resten des nördlichen Stadttors (die Bresche von Turenne) und der Wälle. Über die Rue de la Charité gelangt man zur **Rue Jean-Jacques Rousseau** und kommt an der **Kapelle der Weißen Büßer** mit ihrem monumentalen Portal mit Säulen und Giebel (17. Jh.) vorbei. Diese Kapelle gehörte zu einem zwischen 1615 und 1628 erbauten **Rekollektkloster**, dessen Überreste im Patrizierhaus Les Récollets und in der Schule Jules-Ferry zu sehen sind. Nach dem Hôtel de Monméja mit seiner Fassade aus dem 17. Jh. und der Hausnummer 9 entdeckt man das gewaltige **Sainte-Claire-Kloster** (17. Jh.) und sein vorkragendes Türmchen. Dieses ehemalige Klarissenkloster, das während der Revolution als Gefängnis und dann als Hospiz diente,

Oben
Sarlat: der Henkerturm Tour du Bourreau und die Festungsmauer.

Unten
Sarlat: die Kapelle der weißen Büßer.

wurde mit Geschick restauriert und wird anlässlich des Theaterfestivals als Bühne genutzt. Nachdem man die malerische **Côte de Toulouse** links hinter sich lässt, deren ehrwürdige Häuser in Stufen angeordnet sind, biegt man links in die **Rue de La Boëtie** ab, um an der Nr. 9 das **Hôtel de Maynard** (15. Jh.) zu entdecken, das Spitzbogenfenster, Fensteröffnungen mit Steinkreuzen und eine schöne Treppe aus Nussbaum aufweist. Die Straße verliert sich dann in einem Labyrinth kleiner Gassen. Wir gehen lieber wieder die schmale **Rue Rousset** hinauf, wo das Hôtel de **Saint-Clar** (15. Jh.) und sein runder Turm mit Pechnasen, der **Tour du Guet** (Wachturm), stehen. Das Gebäude, ein wahres Schlösschen mit Fensteröffnungen aus der Renaissance, besitzt ebenfalls ein vorkragendes Türmchen. Oben auf der Anhöhe angelangt, biegt man links in die **Rue du Siège** ab, die eine Flucht alter Häuser aufweist: Häuser aus dem 15. Jh. an der Nr. 6, aus dem 14. Jh. mit gotischen Fenstern an der Nr. 8 und – an der Ecke der Rue des Trois-Conils – das **Hôtel de Cerval** aus dem 17. Jh. Die rechte Straßenseite führt am Stadtwall entlang (von der Rue de Turenne aus sichtbar), der von einem Tor durchbrochen und mit dem **Tour du Bourreau** (Henkerturm) gekrönt ist. Bevor man die Traverse erreicht, muss man die Rue du Barry hinaufgehen und rechts in die **Rue des Trois-Conils** abbiegen. Das alte Haus, das man entdeckt, ist das **Hôtel de Marzac** mit seinem Turm aus dem 15. Jh., der eine Wendeltreppe verbirgt. In diesem Haus starb 1791 Madeleine-Marie de Bart, Tochter von Jean Bart und Gemahlin des Herren von Vérignac. Die Rue des Trois-Coutils, die unter einer überdachten Passage mit schiefen Fenstern verschwindet, endet auf dem **Place Liarsou**, vor einem sehr schönen **Haus mit Balkon und Fachwerk**, in dem die de Boyt de Mérignac wohnten, Verwandte der de la Boëtie. Links weist die **Rue de Cordil** die andere Fassade des Hôtel de Saint-Clar mit Renaissance-Fenstern auf. Rechts liegt die Rue de La Boëtie, die die Hauptstraße überquert und Sie zur Kathedrale zurückbringt.

Oberhalb des Place de la Grande-Rigaudie bringt der auf Fénelons Wunsch von Le Nôtre entworfene **Jardin du Plantier** etwas Frische in das Stadtzentrum und erlaubt einen schönen Blick auf Sarlat. Im Norden, in der Nähe des ehemaligen Hospitals, schönes Gebäude aus dem 18. Jh., nimmt das **Kulturzentrum** Theatervorstellungen, Konzerte und Ausstellungen auf.

Sarlat genießt vor allem im Sommer ein reges kulturelles Leben, das auf das **Festival der Theaterspiele** ausgerichtet ist, das 1962 auf Anregung von J. Boisserie eingerichtet wurde. Dieses Festival, das bedeutendste Aquitaniens und nach dem von Avignon das älteste in Frankreich, gehört zu den sieben oder acht großen Festivals unseres Landes. In Sarlat sind die größten Namen der Comédie-Française und andere bekannte Theatergruppen wie das Théâtre du Campanol (le Bal), der Magic Circus von J. Savary und Robert Hossein (Les Loups von R. Roland) aufgetreten. Das **Musikfestival**, das Konzerte von hohem Niveau bietet, hat als hauptsächlichen Rahmen die Kathedrale und das Kulturzentrum und die **Landesfotoausstellung** den Bischofpalast. Aber einer der ganz besonderen Aspekte des kulturellen Lebens in Sarlat ist der dem Film eingeräumte Platz. Unterstrichen wird dessen Bedeutung durch ein alljährlich im November stattfindendes Filmfestival – ein unumgängliches Stelldichein von Leinwandstars, Fachleuten der Filmbranche und französischen Filmkunststudenten. In der Tat sind Sarlat und seine Region mit mehr als dreißig Filmen, die in der Hauptstadt des Schwarzen Périgords gedreht wurden, das **dritte Zentrum für Dreharbeiten** geworden, gleich hinter Paris und Nizza. Oberhalb von Sarlat darf man nicht versäumen, die heilige Jungfrau von **Temniac** aufzusuchen, die in einer schönen romanischen Kapelle steht. Das der Überlieferung nach von den Templern gegründete Schloss, war Eigentum der Bischöfe von Sarlat.

Unten
Die nach Montaigne benannte Straße in Sarlat.

SALIGNAC UND EYRIGNAC

(17 km nordöstlich von Sarlat)

Das seltsamerweise unterhalb des Dorfes gelegene, beeindruckende **Schloss** von Salignac **kann besichtigt werden**. Es ist eine der ältesten Festungen der Region. Tatsächlich wird seine Existenz ab dem 11. Jh. bescheinigt, und es wurde im 12. und 13. Jh. wiederaufgebaut. Ein großer Teil der heutigen Gebäude wurde im 15. und 17. Jh. errichtet. Diese sehr alte Festung der **Salignac de la Mothe-Fénelon**, Vorfahren des Erzbischofs von Cambrai, spielte während des Hundertjährigen Krieges und der Religionskriege eine wichtige Rolle. 1545 ging es in den Besitz der Gontaut-Biron über, die die schmucklose Zitadelle in ein Renaissance-Schloss verwandelten. Das noch von Wällen umgebene hohe und zweistöckige Hauptgebäude mit seinem Lauzes-Dach und seinen Fenstern mit Steinkreuzen wird von zwei runden Türmen mit Spitzdächern und einem rechteckigen Bergfried mit flachen Strebepfeilern flankiert. Im Schloss entdeckt man im Waffensaal und im großen Salon schöne Kamine (15. und 16. Jh.), schöne Renaissance-Möbel, ein Porträt von Fénelon und flämische Wandteppiche. Man kann noch zwei Etagen Keller und die Reste einer romanischen Kapelle sehen, die Spuren von Fresken tragen. Nicht weit davon

Links

Burg Salignac.

entfernt liegen die bemerkenswerten **Gärten** des **Manoir d'Eyrignac**, die im 18. Jh. angelegt und im französischen Stil und in ihrer ursprünglichen Perfektion restauriert wurden. In diesen vom Ausschuss der französischen Park- und Gartenanlagen preisgekrönten Gärten wurden nach italienischer Inspiration vornehmlich Weißbuchen, Eiben und Buchsbäume angepflanzt. Die Parkanlage dient zahlreichen Konzerten und Ausstellungen als malerische Kulisse. In Saint-Crépin-Carlucet lädt der herrschaftliche Landsitz Lacypière (15.-17. Jh.) zur Besichtigung.

Auf dieser Seite
Von unbestreitbarem italienischen Charme zeugen die französischen Gärten des Manoir d'Eyrignac.

Der Süden des Schwarzen Périgords: Das Tal der Dordogne

SAINTE-MONDANE FÉNELON

(17 km südöstlich von Sarlat)

Der in den Nebeln des hohen Mittelalters verlorene Ursprung des Dorfes von Sainte-Mondane vermischt Geschichte und Legende. Im 8. Jh. beauftragte der Gouverneur Amicius von Aquitanien **Laban** und seine Frau **Mondane** mit der Verwaltung des Gebietes von Sarlat. Sie gründeten die Abtei von Calviac und ihr Sohn, **St Sacerdos**, wurde Bischof von Limoges und Schutzpatron von Sarlat.

Oberhalb des Dorfes, hoch über der Dordogne und den Wäldern von **Bouriane**, ist das **Schloss** von **Fénelon** für **Besichtigungen geöffnet**. Es wurde im 15. Jh. errichtet und vermischt auf angenehme Weise den Wehrcharakter des Mittelalters und die Ästhetik der Renaissance. Auf der Südseite steht ein von zwei runden Türmen flankiertes Wohngebäude mit schönen Lukarnen, die gemeißelte Giebel besitzen; im Osten sieht man einen quadratischen Pavillon (15. Jh.) und zwei runde Türme (14. und 15. Jh.), von denen einer ein Oratorium enthält, in dem Fénelon betete. Im Westflügel vermischt sich der Stil des Mittelalters mit dem der Renaissance. Er ist mit dem Wohngebäude durch einen runden Treppenturm verbunden. In der Nähe liegt ein sehr tiefer Brunnen. Im Norden entdeckt man eine Galerie (17. Jh.) und eine mit einer Balustrade verzierte Terrasse. Eine **Treppe** mit doppelter Evolution und eine Zugbrücke führen zum Schlosshof. Die Besichtigung lässt uns unter anderem den Dachboden entdecken, dessen robustes Zimmerwerk aus Kastanie die beeindruckende Masse des **Lauzes-Daches** trägt (fast eine Tonne pro Quadratmeter) und das **Zimmer** von **François Salignac de La Mothe-Fénelon**, der am 6. August 1651 an diesem Ort geboren wurde.

Unten und rechte Seite
Schloss Fénelon, in dem der Schriftsteller François Salignac de La Mothe-Fénelon zur Welt kam.

Im 17. Jh., nach dem Tode seiner ersten Frau, die ihm bereits elf Kinder geschenkt hatte, heiratete **Pons de Salaignac Louise de La Cropte-Chantérac**, die dem berühmten Schriftsteller das Leben schenkte. Nach seiner Kindheit, die er im Schloss verbrachte, begann der letztere 1663 unter dem Schutz seines Onkels, dem Bischof von Sarlat, sein Studium, das er bis 1672 in Paris fortsetzte. Nach seinem Eintritt ins Priesterseminar wurde er um 1675 ordiniert, musste dann aber aus Gesundheitsgründen seine Missionarsberufung aufgeben und wurde zunächst **Pfarrer** von **Carennac** im Lot, bevor er von 1678 bis 1689 das Kloster der „Neuen Katholiken" leitete. Diese Erfahrung war ihm für die Abfassung seines „Traité de l'éducation des filles" nützlich. 1689, als Hauslehrer des Herzogs von Burgund, Enkel Ludwigs XIV., schrieb er für diesen seine „Fables", seine „Dialogues des morts" und den „Télémaque", sein Hauptwerk, von 1694 bis 1696 verfasst. Er wurde am 7. März 1693 zum Mitglied der Académie Française gewählt und am 4. Februar 1695 zum Erzbischof von Cambrai ernannt. Von 1697 bis 1699 spielten sich die berühmten Wortgefechte zwischen **Bossuet**, dem „Adler von Meaux" und Fénelon, dem „Schwan von Cambrai" ab. Fénelon, Verfechter des Madame Guyon teueren „**Quietismus**", einer mystischen Haltung, in der Bossuet eine gefährliche Irrlehre sah, wurde von seinem gefährlichen Gegner besiegt. Der König entzog ihm seine Gunst und schickte in 1699 in sein Erzbistum von Cambrai ins Exil, wo er am 1. Januar 1715 im Alter von 63 Jahren starb. Obwohl er von seiner Geburtsregion entfernt lebte, bereicherte Fénelon sein Werk mit Landschaften und Schilderungen des Périgords. In seinem „Télémaque" hat mancher Leser in Salente, der idealen Stadt des weisen Mentors, Sarlat erkannt. Er denunziert darin auch und vor allem den königlichen Absolutismus, verurteilt die schlimmen Folgen des Krieges, preist die Rückkehr zu ländlichen Sitten und einem gesunden Leben. Man kann ihn zu Beginn des Zeitalters der Aufklärung als einen **Vorläufer** von Montesquieu, Voltaire und Rousseau ansehen. Die „Philosophen" ließen sich von einigen seiner Ideen inspirieren. Es ist tatsächlich schwer, nicht die revolutionären Akzente von Fénelon zu erkennen: „**Könige sind für die Untertanen geschaffen und nicht die Untertanen für die Könige**". J.-J. Rousseau hat sich übrigens nicht täuschen lassen und unseren Périgourdin auf sehr schöne Weise geehrt: „Wenn Fénelon lebte, würde ich danach streben, sein Lakai zu sein, um sein Kammerdiener zu werden." Weitere Sehenswürdigkeiten sind die Festung von **Carlux**, der Park von **Cadiot** mit seiner bezaubernden Blumen- und Farbenpracht, das Schloss von **Rouffillac** (15., 16. Jh.) und die schönen Ruinen von **Paluel** (14., 15. Jh.).

MONTFORT

(8 km südlich von Sarlat)

Wenn schon nicht vom einem Flussschiff aus, sollte man das Schloss von Montfort zumindest vom „**Cingle de Montfort**" aus entdecken, wenn man von Carsac kommt, dort wo eine Schleife der Dordogne, der „Cingle", die Halbinsel von Turnac umgibt. In der Ferne erkennt man die weißen Felswände von **Caudon**. Auf einem Vorsprung, wie in der Luft schwebend, scheint Montfort einem Märchen entsprungen zu sein. Die Felswand, auf der es steht, ist mit Grotten ausgehöhlt, als ob sie den Ort wie die Stadt von Ys in die Fluten stürzen wolle. Die alten Häuser dieses winzigen Dorfes schmiegen sich eng an den Fuß ihres mächtigen Wächters.

Die Geschichte dieses Schlosses ist durch seinen hartnäckigen Überlebenswillen gekennzeichnet. Das Schicksal von Montfort ist seltsam und bewegt, denn es wurde viele Male belagert und zerstört (1214, 1309, 1350, 1481 und 1606) und ebenso oft wiederaufgebaut. Das Schloss, das man heute bewundern kann, ist das Ergebnis von Bauarbeiten, die achthundert Jahre dauerten. Am Anfang des 13. Jh. ist es daher Besitz der grausamen Katharer **Bernard de Casnac** und seiner Frau, Alix de Turenne, die alle Katholiken verstümmeln, die in ihre Hände fallen. Den Männern werden Füße und Hände abgeschnitten und die Augen ausgestochen; den Frauen schneidet man Brüste und Daumen ab. 1214, auf dem Kreuzzug gegen die Albigeois, schickt der furchtbare **Simon de Montfort** (sein Name ist nur ein Homonym) seine Truppen aus, die das Schloss erobern. Die Legende erzählt, dass Blanche, die Tochter von Bernard, bei lebendigem Leibe verbrannt wurde und ihr Gespenst noch die Festung heimsucht. In **Carsac** sind eine schöne romanische Kirche mit Skulpturen und ein Wassergarten zu besichtigen.

Unten

Die von Simon de Montfort eingenommene Katharerburg Montfort.

DOMME

(12 km südlich von Sarlat)

Die auf einer Hochebene über dem Dordogne-Tal errichtete **Akropolis von Domme**, eine für den Krieg gebaute Stadt, ist ein Meisterwerk der Ästhetik und der Architektur. Dieser Ort verbindet mit einer sehr schönen Landschaft die **außerordentliche Stileinheit** seiner alten Häuser aus blondem Stein mit braunen Ziegeldächern und blumengeschmückten Balkonen.

Am Anfang des 13. Jh. existierte die heutige Stadt noch nicht, aber an ihrer Stelle stand ein „Domme-Vieille" genanntes **Schloss.** Um den englischen Vormarsch aufzuhalten, kauft Philipp III. der Kühne, der die strategische Bedeutung des Ortes erkannte, 1280 einen Teil der Hochebene, um dort eine befestigte Stadt, die **Bastide** du Mont-de-Domme, zu gründen. Die Errichtung der Stadt von 1280 bis 1310 ist mit Schwierigkeiten verbunden: sie ist schwer zu erreichen, die Bevölkerung sehr arm und die Arbeiter werden nur mit **Ledermünzen** bezahlt, die in Domme geprägt wurden und „Obsidionale" hießen. Die Stadt behält später das Münzrecht. Nach und nach entsteht in Domme **die schönste französische Bastide des Périgords.**

1346 wird sie durch Verrat von den Engländern erobert. Einige Einwohner hatten ihnen die Tore geöffnet. Im nachfolgenden Jahr befreit der Seneschall von Périgord die Stadt und lässt die Verräter hängen. 1348 gewährt Philipp VI de Valois eine Charta, die der Stadt ihre Autonomie garantiert. Während des Hundertjährigen Krieges wechselt Domme mehrmals den Besitzer. Die Engländer belagern es 1369 und erobern es 1393, die Franzosen belagern es ihrerseits 1421.

Nach mehr als einem Jahrhundert Frieden kommt Domme wieder durch die Religionskriege ins Kreuzfeuer. 1572 scheitert der hugenottische Feldherr **Geoffroy de Vivans** zweimal vor Domme. Weder Belagerung noch Verrat können ihm die Tore der Stadt öffnen. Sie trägt ihm sogar eine Verwundung ein. Am 25. Oktober 1588 erlaubt ihm eine sehr kühne Heldentat endlich, seinen Plan zu verwirklichen. Die Feldherren Bordes und Bramarigues, eskortiert von dreißig Männern, erklimmen nachts die Felswände der „Barre de Domme", die nicht verteidigt waren, weil man sie für uneinnehmbar hielt. Nach Eindringen in die Zitadelle öffnen sie die Tore, und Vivans bemächtigt sich der Stadt. In Domme wird 1741 der Jurist **Jacques de Maleville** geboren, der einer der Verfasser des Code Civil war.

Man kann die Besichtigung von Domme mit einem Rundgang um die Wälle beginnen. Die Stadtmauer vom Anfang des 14. Jh., aus der Vorsprünge ragen, ist mehrere hundert Meter lang. Sie hat drei Tore: die befestigte **Porte del Bos**, vormals durch ein Fallgatter verschlossen, die **Porte de la Combe**,

Oben

Das Stadttor Porte des Tours von Domme wird von zwei Türmen flankiert, in welchen einst die Templer gefangen gehalten wurden.

die zu einer Fontäne hinunterführt und die bemerkenswerte **Porte des Tours**, das schönste befestigte Stadttor des Périgords, am Ende des 13. Jh. erbaut. Es war früher durch eine Zugbrücke und ein Fallgatter geschützt und wird von zwei enormen, runden Halbtürmen mit Vorsprüngen verteidigt, die als Wachsäle und ebenfalls von 1307 bis 1318 als Gefängnis für 70 **Templer** aus dem Südwesten dienten. Diese beteuerten anhand von Inschriften und Zeichnungen im Mauerwerk des Gefängnisses ihre Unschuld und drohten ihren Unterdrückern, König Philipp dem Schönen und Papst Klemens V. Einige dieser zu besichtigenden ergreifenden Gravuren sind esoterisch geprägt.

Die Stadtbesichtigung kann in der Rue Eugène-Le-Roy beginnen, in der man das Haus entdeckt, indem der Schriftsteller wohnte. Man kommt anschließend zum **Place de la Rode**, bzw. des „Rads", auf dem die Verurteilten hingerichtet wurden. Hier stehen vier schöne Häuser, darunter das des Münzmeisters mit dreifachen Fenstern. Die Grande-Rue ist von Häusern mit vornehmen Spitzbogenfassaden und alten Türen gesäumt. An der Ecke der Rue Geoffroy-de-Vivans bemerkt man ein skulptiertes Fenster aus der Renaissance. Die mit einem Turm gekrönte Fassade des ehemaligen Rathauses in der Rue des Consuls stammt aus dem 13. Jh. Auf dem **Place de la Halle**, Zentrum der Stadt, steht das **Haus des Gouverneurs** (15. und 16. Jh.), flankiert von seinem vorkragenden Türmchen. Die Markthalle aus dem 17. Jh. verbirgt den Eingang der **Tropfsteinhöhle** du **Jubilé**, die **besichtigt werden kann**. Sie ist 450 Meter lang und birgt eine Märchenwelt aus weißen Stalaktiten und Stalagmiten. Die in ihr ausgestellten Bison- und Mammutknochen wurden beim Bau des Eingangs entdeckt. Ein **Panoramalift** bringt den Besucher auf die Felswand. Das **Museum** Paul-Reclus ist den in Domme gemachten Funden – insbesondere denen aus der Vorgeschichte – gewidmet. Hinter der Pfarrkirche mit Mauerglockenturm aus dem 17. Jh. entdeckt man die **„Barre de Domme"**, den berühmtesten **Aussichtspunkt** des Périgords, von dem man 150 Meter tief auf die Flussschleifen der Dordogne und ihre fruchtbare, bestellte Ebene blickt.

Wenn es Orte auf der Welt gibt, die die Schöpfungsfähigkeit der Schriftsteller verstärken, dann ist Domme einer dieser „inspirierten Hügel". **Henry Miller**, der es vor dem Krieg besuchte, diktierte Domme die Einführung eines seiner bekanntesten Bücher, „Der Ko-

Oben

Das Stadttor Porte del Bos in Domme und die Festungsmauern der Bastide.

loss von Maroussi“. Lauschen wir ihm, wenn er hoch oben auf der „Barre de Domme“ vom Périgord spricht, lauschen wir diesem schönen Plädoyer für unser Land: „Hier liegt der eifersüchtig von den Dichtern gekennzeichnete, bezaubernde Landstrich, den sie allein rechtmäßig als den ihren fordern dürfen. Was dem Paradies am nächsten kommt... Nichts kann mich hindern zu glauben, dass, wenn sich der Cro Magnon hier niederließ, dies seine außergewöhnliche Intelligenz und seinen hochentwickelten Schönheitssinn beweist... Nichts kann mich hindern zu glauben, dass diese große und friedliche Region Frankreichs dazu bestimmt ist, auf ewig ein geheiligter Ort für den Mensch zu bleiben und dass, wenn die Großstadt schließlich alle Dichter ausgerottet hat, ihre Nachfolger hier Unterschlupf und eine Wiege finden... **Es kann geschehen, dass Frankreich eines Tages zu existieren aufhört, aber das Périgord wird überleben, ganz wie die Träume, mit denen sich die menschliche Seele ernährt.**“ In Domme wurde der umstrittene Schriftsteller François Augiéras bestattet, der in einer Grotte von Château du Roi lebte. **Die Kirche von Cénac**, am Fuß von Domme, besitzt eine skulptierte Apsis aus dem 12. Jh. Weitere Sehenswürdigkeiten sind der entzückende Park **Jardin d'Albarède** in Saint-Cybranet (Causse) und das Bruchsteinhaus in Daglan.

Oben
Symbole und Zeichnungen der Templer am Stadttor Porte des Tours von Domme.

Unten
Die Markthalle und das Haus des Gouverneurs in Domme.

LA ROQUE-GAGEAC

(12 km südlich von Sarlat)

Nach dem Mont-Saint-Michel und Rocamadour der **meistbesuchte** Ort Frankreichs. La Roque-Gageac hat vor einigen Jahren den umstrittenen Titel des „schönsten Dorfes Frankreichs“ erworben. Am Fuß der steilen und von Grüneichen gekrönten **Felswand** schmiegen sich Schlösser und Häuser von bemerkenswert **einheitlichem** Ton und Stil an die Steilwand, als ob sie sich noch besser in den majestätischen Rahmen einfügen und in den grünen Fluten der Dordogne widerspiegeln wollten. Seine mit braunen Ziegeln gedeckten Häuser scheinen aus der weißen Masse der hohen Felswand gehauen zu sein. Je nach Stand der Sonne und der Tageszeit verwandeln alle Nuancen von Ocker, Weiß und Grau das Dorf und sein Wiedergabe im Wasser in ein wahres Zauberbild mit schillernden Farben.

Im Mittelalter war es wirklich eine kleine und wohlhabende **Freistadt** mit 1500 Einwohnern, die zwei Konsule leiteten und in der die Bischöfe von Sarlat ihren zweiten Wohnsitz hatten. Im Hafen von La Roque-Gageac herrschte ein aktiver Handel mit Holz, Wein, Eisen, Salz und Lebensmitteln aller Arten.

Man muss durch die **Gässchen** gehen, die über die Häuserdächer zu führen scheinen, um den ganzen Reiz des Dorfes zu spüren. Man entdeckt eine hübsche **Kirche** mit einem Mauerglockenturm aus dem 14. Jh., deren Apsis den Fels verlängert, auf dem sie steht sowie charmante Häuser im Stil des Périgord, umgeben von erstaunlichen **Mittelmeerpflanzen**, deren Wachstum durch das Mikroklima begünstigt wird, das die Sonne durch Erhitzen des Felssteines hervorbringt. Je höher man steigt, desto schöner ist der **Blick** auf das Tal. Man kann das **unterirdische Fort** besichtigen, das als Fundament für das Bischofsschloss diente.

Flussabwärts, fast auf Höhe der Straße, sticht das **Château de la Malarrie** trotz seines neugotischen Stils (12. Jh.) nicht von dieser mittelalterlichen Kulisse ab. Eine Familie aus La Roque-Gageac dominiert die lokale Geschichte: die **Tarde.** Wir haben ihr **Herrenhaus** mit dem eleganten runden und mit Lauzes gedeckten Turm neben den beiden Hauptgebäuden mit Gie-

Oben
Blick vom Schlosspark Marqueyssac auf das Dorf La Roque-Gageac am Fuße einer imposanten Felswand.

beln und Fenstern mit Steinkreuz noch nicht erwähnt. Wenn Sie um 1615 als Bürger oder Bauer abends in Nähe des Schlosses spazieren gegangen wären, hätten Sie vielleicht ein sonderbares, längliches Instrument bemerkt, das in die Richtung von Orion oder Andromeda zeigte. Und Sie hätten mit Ehrfurcht den berühmten Stiftsherren gegrüßt, der über das Okular gebeugt war. **Jean Tarde** (1561-1636), geboren und gestorben in La Roque-Gageac, brachte nämlich von seiner zweiten Italienreise das erste Himmelsfernrohr des Périgords mit, eines der allerersten in Frankreich. Er hatte es von seinem Freund **Galilei** erhalten. Man muss wissen, dass Jean Tarde in seiner Epoche ebenso berühmt war wie der ältere Pic de la Mirandole, und wenn die Geschichte Jean Tarde vergessen hat, dann nur deshalb, weil unser Stiftsherr, Humanist, Astronom, Numismatiker, Geograf, Theologe, Philosoph und Historiker die Zurückgezogenheit seines Herrensitzes und die Kulisse seines Schwarzen Périgords den Menschenmengen und den Lambris der Fürstenpaläste vorzog.

Oben

Die Kirche von La Roque-Gageac.

Unten

Schloss La Malartrie bei La Roque-Gageac an der Dordogne.

BEYNAC

(10 km südwestlich von Sarlat)

Die **Lage** von Beynac und dessen Schloss ist unbestreitbar eine der schönsten von Frankreich. Das Dorf, in dem **Paul Eluard** lebte, ist in Stufen am Rand des Wassers an einer **Felswand** von 150 m gebaut, auf der eine beeindruckende **Burg steht**. Dieses Adlernest könnte schmucklos erscheinen, wenn nicht die Sonne seine Mauern in goldenes Licht tauchte und ihm die Dordogne, nicht als Spiegel diente. Die wechselnden Farben, der helle Glanz des Steins, des Himmels und des Wassers machen Beynac in allen Jahreszeiten zum Paradies der Maler und Fotografen.

Nach der Organisation der Grafschaft des Périgords war es mit Biron, Bourdeilles und Mareuil der Sitz einer der vier **Freigrafschaften** des Périgords. Die erste bekannte Spur eines Herren von Beynac geht auf das Jahr 1115 zurück. Die Burg war so mächtig, ihre Barone so grausam, dass Vasallen und Bauern sie „**die Arche Satans**" genannt hatten.

Im Jahre 1214 bemächtigt sich Simon de Montfort nach dem Kreuzzug gegen die Albigeois Beynacs, dessen Herr der Freund von Raymond de Toulouse ist und lässt die Verteidigungsanlagen dem Erdboden gleichmachen. Der Hundertjährige Krieg fin-

Oben und unten

Beynac, Freiherrschaft des Périgord, in beeindruckender Höhenlage.

det Beynac auf französischer Seite. 1360 lässt es der Vertrag von Brétigny in englischen Besitz übergehen, aber acht Jahre später nimmt es den Kampf wieder an Seite Karls V. auf. Die Engländer konnten die Zitadelle niemals einnehmen. 1370 wird die einzige Erbin, ein dreijähriges Kind, mit ihrem Onkel, Pons de Commarque, verlobt, der die Engländer aus dem Gebiet von Sarlat vertrieb und der mächtigste Herr des Périgords wurde.

Das auf Flussseite durch die senkrechte Felswand natürlich geschützte Schloss hat seine Verteidigungsanlagen im Norden verstärkt: **doppelter Wall, zwei Reihen Wassergräben, zwei Barbakanen**. Wir beginnen die Besichtigung auf dieser Seite. Das vom 13. bis zum 18. Jh. erbaute, umgebaute und **verschönerte Schloss** wird von Jean Secret als „die Synthese der Baukunst und der Verteidigungskunst durch die Jahrhunderte" präsentiert. Auf beiden Seiten des mächtigen Bergfrieds aus dem 13. Jh. liegen die Hauptgebäude; eines aus dem 13. Jh., umgebaut im 16. Jh., das andere aus dem 14. und dem 17. Jh., die die Wohnräume enthalten. Der **große Saal der Stände**, in dem sich der Adel des Périgords versammelte, weist Spitzbogengewölbe und einen skulptierten Renaissance-Kamin auf. Die Wände des **Oratoriums** sind mit Fresken im naiven Stil des 14. Jh. geschmückt, die, wie oft im Mittelalter, verschiedene Personen vermischen. Sie stellen das Abendmahl dar, in dem der heilige Martial den Bediener spielt, Christus am Fuß des Kreuzes sowie die Herren von Beynac. Die Wohnräume sind mit Tafelwerk und bemalten Zimmerdecken aus dem 18. Jh. verziert. Eine schmale Treppe und eine niedrige Tür führen zum Bergfried. Von dort hat man einen wunderschönen Blick auf das ganze Tal mit seinen Schlössern: **Castelnaud**, **Fayrac** (15., 17. Jh.) und **Marqueyssac** (15., 17. Jh., Gärten). Die aus der romanischen Epoche **stammende Kapelle** von Castelnaud hat ein Lauzes-Dach. Etwas weiter unterhalb liegt das **Museum der Urzeit** (von 5.000 bis 50 v. Chr.).

Unten
Buchsbaumlabyrinth im Park des Schlosses Marqueyssac. Im Hintergrund Beynac.

CASTELNAUD

(12 km südwestlich von Sarlat)

Das **Schloss von Castelnaud**, Wächter des Zusammenflusses der Dordogne und des Céou, jenes natürlichen Durchgangs zwischen Quercy und Périgord, scheint aus dem mittelalterlichen Dorf aufzutauchen, das gegen die Hänge des Hügels anstürmt. Dieser Zeuge einer bewegten Geschichte kann **besichtigt werden**. Durch das Dorf mit den alten, für das Périgord typischen Häusern, die manchmal skulptiert und mit Lauzes gedeckt sind, gelangt man vor die enorme Masse des Schlosses aus hellem Stein. Sein Fundament geht auf das 12. Jh. zurück.

Da eine der Seiten durch die steile, auf die Dordogne blickende Felswand auf natürliche Weise geschützt ist, wurde die Nordflanke im 15. Jh. mit einer **Barbakane** zum Schutz der Zugbrücke verstärkt. Da der Zugangsweg zum Dorf einen schwachen Punkt darstellte, wurde im 15. Jh. ein von zwei Türmen gesäumter Zwischenwall errichtet. Im Süden ist der älteste Teil aus dem 13. Jh. in Form eines Dreiecks um einen **hohen Bergfried** angeordnet, der von einem dicken **runden Artillerie-Turm** mit vier Meter starken Mauern flankiert wird, um 1500 erbaut. Die Daten sprechen für sich. Castenaud erlaubt uns eine Reise durch eine echte Burg des Mittelalters. Mit dem Schloss besichtigt man das bemerkenswerte **Museum der mittelalterlichen Kriegsführung**, in dem Waffen, Rüstungen und getreue Nachbildungen von Kriegsmaschinen zu bewundern sind.

Castelnaud, im 12. Jh. gegründet, ist am Anfang des 13. Jh. das Lehen des grausamen **Katharers Bernard de Casnac**. 1214 und dann 1215 erobert der nicht minder grausame Simon de Montfort das Schloss und lässt es niederreißen. Die Rivalität zwischen Castelnaud und Beynac treibt diese beiden Nachbarn während des **Hundertjährigen Krieges** dazu, auf verschiedenen Seiten zu kämpfen. Bereits 1259 hatte Castelnaud die Oberhoheit des Herzogs von Aquitanien und Königs von England, Heinrich III., anerkannt. Während des Konfliktes wechselte das Schloss, das die vorgeschobenste englische Festung östlich von Guyenne war, viele Male den Besitzer. Fünfmal wird es von den Engländern eingenommen. Die Caumont, die Castelnaud 1368 durch Heirat erworben hatten, schlossen sich 1405 der englischen Sache an. Mehrere englische Feldherren, darunter der berühmte **Ramonet de Sort**, hielten das Schloss 25 Jahre lang. Erst 1442, elf Jahre vor Ende des Krieges, eroberten die Franzosen die Festung nach einer von Karl VII. befohlenen Belagerung zurück. **Brandelis de Caumont** und sein Sohn bauten das Schloss in der zweiten Hälfte des 15. Jh. wieder auf. Am Ende des 15. Jh. verlassen **François de Caumont** und seine Frau die

Oben
Die Burg von Castelnaud wacht über das Dorf.

strenge Festung und lassen das Schloss von Milandes bauen. Da die Caumont Protestanten waren, wurde Castelnaud am Anfang der Religionskriege von **Geoffroy de Vivans** gehalten, der im Schloss geboren wurde. Als der Herr von Castelnaud, Geoffroy de Caumont, ermordet wurde, ist seine Tochter **Anne** eine der reichsten Erbinnen des Königreichs. Im Alter von 8 Jahren wird sie mit Gewalt aus dem Schloss entführt und gegen ihren Willen mit dem Prinzen Claude de Carency, einem Jungen von 13 Jahren verheiratet. Fünf Jahre später, nachdem ihr Gemahl während eines Duells getötet wurde, verheiratet man sie in aller Eile mit ihrem Schwager. Ihre Mutter, **Marguerite de Lustrac**, schickt ihren treuen Geoffroy de Vivans aus, der Anne aus dem Schloss von Vauguyon entführt. Im Alter von 22 Jahren möchte sie (endlich) ihrem Wunsch gemäß heiraten und täuscht dafür eine dritte Entführung vor, um sich mit François d'Orléans-Longueville zu vermählen. Castelnaud wird erneut im 17. Jh. von Nompar de Caumont befestigt. Es dient, nachdem es während der Revolution aufgegeben wurde, als Steinbruch, bevor es ab 1967 auf prächtige Weise **restauriert** wird. In Castelnaud kann man ebenfalls das Ökomuseum der **Walnuss** sowie die Parkanlage des **Schlosses von Lacoste** besichtigen.

Oben und unten

Die mittelalterlichen Kriegsmaschinen von Castelnaud.

Oben

Das Schloss Les Milandes, das durch Josephine Baker berühmt wurde.

LES MILANDES

(15 km südwestlich von Sarlat)

Der Name des **Schlosses von Milandes**, in der Gemeinde von Castelnaud inmitten eines stufenartig angelegten Parks über dem linken Ufer der Dordogne gelegen, bleibt auf ewig mit dem von **Joséphine Baker** verbunden und kann **besichtigt werden**. Es wurde um 1489 von François de Caumont, Herr von Castelnaud und seiner Frau, Claude de Cardaillac, erbaut, die vorzogen, ihre schmucklose Festung zugunsten eines bequemeren Wohnsitzes zu verlassen. Les Milandes wurden nach dem letzten Krieg Eigentum von Joséphine Baker, die dort ihr „**Weltdorf**" gründete, um ausgesetzte Kinder aufzunehmen. Ihr ist zu verdanken, dass das schläfrige Dörfchen und seine Umgebung wieder zum Leben erweckt wurden.

Das Schloss bietet einen angenehmen Übergang zwischen den Stilen der Gotik und der Renaissance. Das Hauptgebäude ist von runden und quadratischen Türmen flankiert, die Türmchen tragen. Die Lukarnen und Fenster mit Steinkreuz, mit Fialengiebeln gekrönt und mit Wappen geschmückt, sind reich verziert. Während der Besichtigung entdeckt man die 7 ha **Park** und die französischen **Gärten** sowie ein Museum der **Falknerei**.

Unten

Josephine Baker: die schwarze Venus.

Der Norden des schwarzen Périgords: das Tal der Vézère

SAINT-AMAND-DE-COLY

(6 km östlich von Montignac)

Sobald man sich dem kleinen Dorf Saint-Amand nähert, zieht die Masse einer riesigen Steinsilhouette den Blick auf sich: die **der schönsten Wehrkirche des Périgords**. Der Legende nach soll hier im 7. Jh. eine Abtei vom **heiligen Amand**, einem Anachoret, der das Périgord evangelisierte, gegründet worden sein. Wenn diese **romanische Abtei** auch eine sehr große Bedeutung hatte, was der Umfang der Gebäude bezeugt, sollte sie doch einen schnellen Niedergang erfahren. Sie war eine furchtbare Festung, wurde 1575 von den Hugenotten besetzt und vom Seneschall von Périgord und 2.000 Soldaten belagert, die sie sechs Tage lang beschossen.

Die Kirche ist noch von **Mauern** mit einem Wehrgang umgeben.

Nach Durchschreiten der Umwallung steht man vor einer riesigen **Vorhalle**, die von weitem an einen Rachen erinnert, der das Dorf zu verschlingen droht. Ihre Strenge wird durch ein Kirchenfenster gemildert. Sie endet in einem gebrochenen Bogen und trägt einen **Verteidigungsraum**, der den Zugang zum Portal verwehrt. Das Portal mit dreifachem Bogenlauf und mit Laubwerk skulptierten Kapitellen ist mit zwei Zwillingsatlanten im romanischen Stil gekrönt. Die Mauern der südlichen Chorkapelle sind mit Zierstücken geschmückt, und die Sparren-

Unten
Die befestigte Abtei von Saint-Amand-de-Coly.

Oben
Vollendete Bildhauerkunst an der Kirche von Saint-Amand-de-Coly.

köpfe des Karnies sind mit Köpfen und geometrischen Mustern skulptiert. Die Apsis, die durch drei Fenster und ein Oculus erhellt wird, endet in einer Wehrterrasse. Man muss die phänomenalen Verteidigungsanlagen dieser Abtei hervorheben, die am besten erhaltenen Anlagen des Périgords. Neben der Umwallung und dem Bergfried-Glockenturm läuft ein **Wehrgang** unter dem Lauzes-Dach um das Gebäude; auf den Kragsteinen liegen vorspringende **Breteschen**. Es existieren ebenfalls Verteidigungskammern auf den Querschiffarmen und dem Chorhaupt sowie drei ebenerdige Wehrräume in Nähe des Chors. Das ausgezeichnet durchdachte System erlaubte zugleich das Fernhalten des Feindes sowie seine Zerstörung, falls er in die Kirche eindrang. Das Innere, einfach und nüchtern, besitzt die strenge **Schönheit** der augustinischen Abteien. Eine mit Schießscharten versehene **Kuppel** auf Abhänglingen krönt die Vierung. Die südliche Chorkapelle enthält **Skulpturen** von außergewöhnlicher Qualität, die an Souillac erinnern: zwei von Löwen verschlungene Männer und einen Drachenvogel. Die beiden Chorjoche besitzen sehr alte Spitzbogen. Ebenfalls zu besichtigen sind der Templer-Kornspeicher von **La Cassagne** (13. Jh.) und der Bergfried von **Chavagnac** (13. Jh.).

Unten
Der gewaltige Portalvorbau von Saint-Amand-de-Coly.

MONTIGNAC-LASCAUX

(25 km nördlich von Sarlat)

Kleine Stadt mit 3.000 Einwohnern am Ufer der Vézère. Montignac verdankt seine Bekanntheit der Entdeckung des „**achten Weltwunders**", der **Höhle von Lascaux**, im Jahre 1940. Man kann sich angesichts der Reste des **Schlosses von Montignac**, **militärische Hauptstadt** des Périgords, schlecht seine frühere Bedeutung vorstellen: ein Bergfried und einige Stücke Mauern, die die Stadt einverleibt zu haben scheint.

Montignac besitzt noch alte, um den Place d'Armes gruppierte Häuser sowie das Museum der Volkskunde des Périgords und das **Museum Eugène-Le-Roy** (1836-1907), der größte Romanschriftsteller des Périgords und sicherlich derjenige, der es am besten verstanden hat, die Landschaften seiner Region und die harten Lebensbedingungen seiner Zeitgenossen in einer rauen und anziehenden Sprache wiederzugeben. Er wird in Hautefort geboren, studiert in Périgueux und ist bereits in dieser Zeit ein überzeugter Republikaner. Er wird Steuereinnehmer, ein Amt, das ihm erlaubt, seine Geburtsgegend zu entdecken und sich ein erstes Mal in Montignac aufzuhalten. Nach seiner Ernennung in Hautefort veröffentlicht er 1893 seinen ersten Roman, „*Le Moulin du Frau*". Weitere Romane folgen, von denen zwei in der Region von Montignac spielen: „*Mademoiselle de la Ralphie*" und sein Meisterwerk, „***Jacquou Le Croquant***", das im Jahre 1900 veröffentlicht wird und das Stellio Lorenzi 1969 durch eine Fernsehinszenierung in ganz Frankreich bekannt macht. 1902 tritt **Eugène Le Roy** in den Ruhestand und zieht sich nach Montignac zurück, wo er „***Au pays des pierres***", „*Année rustique en Périgord*" und seinen letzten, nach seinem Tod

Oben

Montignac und Teile der Schlossanlage. Davor fließt gemächlich die Vézère.

im Jahre 1911 veröffentlichten Roman schreibt, der als einer seiner besten angesehen wird: „*L'Ennemi de la mort*". Er erhielt eine zivile Beerdigung, auf der eine französische Fahne seinen Sarg bedeckte.

In der Umgebung von Montignac entdeckt man das Schloss **Grande-Filolie** (15., 17. Jh.) mit ländlichem Charme, Schloss **Sauveboeuf** (16. Jh.) in Aubas, Schloss **Rastignac**, ein Doppelgänger des Weißen Hauses in Washington, sowie das hübsche Dorf **Saint-Genies**, dessen winzige „Chapelle du Cheylard" mit Fresken aus dem 14. Jh. verziert ist. Stromaufwärts von der Vézère sollte man **Terrasson** (Brücke aus dem 13. Jh., Park *Jardins de l'Imaginaire*, Schloss Mellet) und **Condat** (Hospitaliterkommende) besichtigen. In Richtung Périgueux liegt das Schloss von **Ajat** (zu besichtigen), ehemaliger Templerbesitz und die Abtei von Carcassou in **Bauzens**. Die gotische Kirche von **La Douze** besitzt einen skulptierten Altar.

LASCAUX

2 km südlich erreichen wir die wichtigste Etappe unserer Reise in die Vorgeschichte: die **Höhle von Lascaux**. Ihre zufällige Entdeckung ähnelt einem Märchen. Am 12. September

Oben
Schloss Grande-Filolie.

Mitte
Schloss Rastignac, ein Ebenbild des Weißen Hauses.

Unten
In Terrasson überspannt eine mittelalterliche Brücke die Vézère.

1940 beschließen vier Jungen, eine Höhlung am Hügel von Lascaux zu erforschen. Die Legende erzählte, dass ein unterirdischer Gang, in dem ein Schatz verborgen war, diesen Ort mit dem Schloss von Montignac verband. Die Jungen fanden in der Tat einen **Schatz**: die Höhle von Lascaux, die schönste der verzierten vorgeschichtlichen Höhlen. Bezüglich des Alters von Lascaux waren sich die Fachleute lange nicht einig. Heute sind die Prähistoriker sicher, dass die Felsmalereien am Ende des Solutréens und am Anfang des Magdaléniens ausgeführt wurden, bzw. um **15.000 v. Chr.** Die Künstler des Paläolithikums haben im Untergrund der Höhle die Grundfarben der **vorgeschichtlichen Palette** gefunden: das Mangandioxid für das Schwarz und die Eisenoxide für die ockergelben und roten Farbtöne. Ausgrabungen haben erlaubt, ihr Beleuchtungssystem zu entdecken: etwa hundert Fettlampen aus Stein. Drei Maltechniken wurden angewendet: der mit dem Finger oder Stift gezogene Strich, das Tupfen mit Hilfe von Haar- oder Moosbüscheln und das Zerstäuben des Farbstoffes durch einen hohlen Knochen oder ein Blasrohr.

Betreten wir nun das Heiligtum. Der erste Schritt im **großen Saal der Stiere** ist ergreifend. Eine Tierreigen setzt sich in Bewegung, vier große Stiere dominieren fliehende Pferde und Hirsche. Alle diese Tiere scheinen sich nämlich zu bewegen, wenn man weiter in den Saal geht. Die prähistorischen Künstler haben sie auf einen erdachten Erdboden in halber Höhe der Wand gezeichnet und jedes **Relief** des Felsen ausgenutzt. Jener Kalkspatschlot verleiht dem Blick eines Hirsches Leben, jene Unebenheit bildet einen Rücken, einen Bauch, lässt die Muskeln eines Tierbugs hervortreten. Das erste Gemälde des Saales prüft uns bereits: Pantherfell, Hirschschwanz, Bisonhöcker, zwei Hörner: es handelt sich

Unten
Die herrlich bemalte Decke im axialen Höhlengang von Lascaux erhielt den Beinamen „Sixtinische Kapelle der Vorgeschichte".

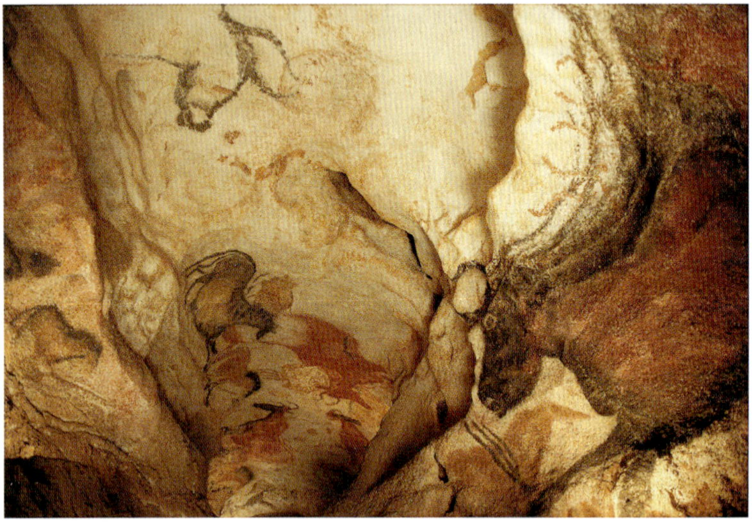

um das berühmte **Einhorn**, zugleich trächtig und mit einem männlichen Geschlechtsteil ausgestattet. Handelt es sich um ein Fabeltier oder aber, wie vorsichtig einige Historiker behaupten, um den „**Medizinmann**" von Lascaux, was die menschlichen Beine und ein Gesicht zu bestätigen scheinen, von dem man sich nur das aufgezeichnete Maul wegzudenken braucht? Vergessen wir nicht, dass in der Vorgeschichte jede Erklärung nichts als eine Hypothese ist. Wir müssen diese vier Stiere näher betrachten. Es sind in Wirklichkeit **Auerochsen**, deren Rasse im Mittelalter in Frankreich ausgestorben ist. Diese riesigen Gemälde – eines von ihnen misst 5,50 Meter – verleihen dem Saal den Eindruck des Lebens und der Kraft. Diese „Anwesenheit" wird dank der **schiefen Perspektive** erzielt, einer künstlerische Ausdrucksform, in der die Tiere im Profil und ihre Hörner im Dreiviertelprofil darstellgestellt werden. Diese Technik, die während der ganzen jüngeren Steinzeit angewendet wurde, ist nicht auf die Unfähigkeit der Künstler zurückzuführen, sondern zeigt ganz im Gegenteil ihr große Fähigkeit, das Leben darzustellen.

Dem Eingang gegenüber öffnet sich ein enger Gang, der Axialwinkel, in dem sich die schönsten Malereien der Höhle und die bemalte Decke befinden, die ihr den vom Abbé Breuil erteilten Beinamen – „**Sixtinische Kapelle der Vorgeschichte**" – eingetragen haben. Hier haben die Maler nicht systematisch den

Oben und unten

Der Saal der Stiere.

Mitte

Der riesige schwarze Stier aus dem axialen Divertikel.

Realismus angestrebt, sondern haben wahre Kompositionen wie diese „Gruppe roter Kühe" geschöpft, deren Köpfe einen Kreis bilden. Die beiden Hauptfiguren des Ganges stehen sich gegenüber: ein mächtiger schwarzer **Stier**, der an die kretische Kunst erinnert und eine Kuh, die vor einem Gitter hochzuspringen scheint, das vor ihren Hufen gezeichnet ist. Das Pferd ist in verschiedenen Formen vertreten. Das berühmte stilisierte „**chinesische**" **Pferd** erlaubt uns, die Technik dieser Künstler besser zu schätzen. Der teilweise mit Ocker bedeckte Bauch rundet sich. Im Hintergrund erzeugen die vom Körper getrennten Beine einen Effekt der Perspektive. Diese Technik wird erst in der Renaissance wiederentdeckt. Wenn man in den großen Saal zurückkehrt und in einen zweiten Gang links abbiegt, gelangt man zum **Hauptschiff**, einer ausgedehnten Höhlung, deren Malereien stärker als an anderen Stellen unter dem Zahn der Zeit gelitten haben. Eine große schwarze Kuh dominiert die Szene mit ihrer Masse, zwei durch ihr wildes Gewicht und ihre blinde Wut bemerkenswerte Bisons fliehen, wie vom Blick des Besuchers überrascht. Gegenüber bietet ein Fries mit fünf Hirschen, die zu schwimmen scheinen, einen Eindruck großer Sanftheit.

Ein schwer zugänglicher Gang führt zu einem kleinen Raum mit mehreren Ritzzeichnungen, insbesondere von Raubkatzen. Und schließlich führt eine Vertiefung des Schiffs, die Apsis, mit einem Durcheinander von Ritzzeichnungen bedeckt, zu einem **Schacht**. Vier Meter tiefer stellt uns dieser Schacht ein anderes Rätsel: welche Bedeutung ist diesem verletzten Bison beizumessen, der seine Eingeweide verliert, diesem Rhinozeros, diesem auf einem Stock sitzenden Vogel und diesem nackten, ithyphallischen Mann, der auf kindliche Weise gezeichnet ist?

Lascaux, dank einer völlig undurchlässigen Mergelschicht wunderbar erhalten, wurde doppelt von der **Krankheit** befallen, die die Besucher aus der Außenwelt mitbrachten: zuerst von der „grünen Lepra", einer Vermehrung von Algen und dann von der „weißen Krankheit", einer beschleunigten Kalkspatbildung. 1963 wird die Höhle geschlossen. Sie wurde wie eine Schwerkranke gepflegt und hat heute ihre Gesundheit wiedergefunden, darf jedoch zur Vermeidung eines Rückfalls nicht mehr besichtigt werden.

Der Bau eines **2. Lascaux**, einer getreuen Wiedergabe, auf Initiative des Conseil Général der Dordogne, nahm zehn Jahre in Anspruch. Mit Hilfe von Computern wurde die Höhle auf den Millimeter genau von Renaud Sanson nachgebaut. Die mit natürlichen Farbstoffen gemäß den prähistorischen Techniken ausgeführten Malereien waren das Werk von Monique Peytral. Die Nachbildung ist in sich selbst ebenfalls ein **Meisterwerk**, denn nur ein Spezialist könnte sagen, dass er sich nicht in der wirklichen Höhle befindet. Die Eingangskammer ist in ein **Museum** verwandelt worden. Eine Lascaux III genannte Wanderausstellung vermittelt den Weltbürgern anhand von Wand-Repliken Einblicke in die Höhlenmalerei-Kunst ihrer Vorfahren. 2016 wird Lascaux IV eröffnet – eine naturgetreue Nachbildung der gesamten Höhle unweit der Originalgrotte.

Die einige hundert Meter von Lascaux entfernte Fundstätte von **Régourdou** (zu besichtigen), **55000 Jahre** älter, hat 1954 das Skelett eines Neandertalers und eine sehr groß Anzahl von Bärenknochen freigegeben.

Fünf Kilometer westlich, am Rand des Walds Barade, ist das hübsche **Dorf Fanlac** dadurch berühmt geworden, dass **Stellio Lorenzi** dorthin das Haus des braven Pfarrers Bonal für seinen *Jacquou le Croquant* verlegte. Nicht weit vom Dorf liegt „Combenègre", der Wohnsitz des jungen Helden von Eugène le Roy. Nach der Übertragung des Fernsehfeuilletons wurden wahre Pilgerfahrten zu diesem Dorf organisiert. Es ist wahr, dass es Fanlac mit seinem Brunnen und seiner **romanischen Wehrkirche** nicht an Reiz mangelt. Auf dem Platz steht ein skulptiertes vielflügeliges Kreuz aus dem 17. Jh. Das Herrenhaus aus dem 14. und 15. Jh. war der Wohnsitz des Chevaliers de Galibert in „*Jacquou*".

Links
Bär im Park der Fundstätte Régourdou, unweit von Lascaux.

THONAC: LE THOT UND LOSSE

(6 km südwestlich von Montignac)

Einen Kilometer nördlich von Thonac kann das **Zentrum der prähistorischen Kunst von Le Thot besichtigt** werden. Es wurde 1972 auf Initiative des Verkehrsbüros des Départements errichtet und stellt eine ausgezeichnete Einführung in die Vorgeschichte dar. Man findet dort gleichzeitig einen Tiergarten, indem die „Überlebenden" der prähistorischen Fauna vorgestellt werden: Bisons, Tarpanpferde, Hirsche, usw., Film- und Diavorführungen über die Techniken der Künstler des Paläolithikums, Gipsabgüsse von Gegenständen, Reproduktionen der schönsten Felsmalereien und – in naturgetreuer Größe – ein Mammut und

Oben
Prähistorisches Zentrum Le Thot: Nachbildung einer in Sibirien entdeckten Hütte aus Mammutknochen.

Unten
Der letzte Vertreter des wildlebenden Rinds: der Wisent im Zentrum Le Thot.

eine wolliges Rhinozeros, die beweglich sind.

Einen Kilometer nördlich davon kann das **Schloss von Losse besichtigt** werden. Es hat eine **außergewöhnliche Lage** auf einer kurzen Felswand, die eine große Grotte aufweist, in der der Architekt den Bau eines Steinbogens zum Stützen der Terrasse gewagt hat. Am Fuß des Felsens spiegelt die dunkle Vézère die Silhouette des Schlosses wider. Man betritt die Domäne durch ein **kleines Schloss** aus dem 17. Jh., das mit Lauzes gedeckt und durch eine Zugbrücke geschützt ist, an die ein Mittelwall angrenzt, der mit Türmchen und Pfefferbüchsen mit spitzen Dächern ausgestattet ist. Der Wohnsitz ist noch von Gräben und Wällen umgeben. Nachdem man die schöne **Fassade** mit Renaissance-Fenstern bewundert hat, betritt man das Herrenhaus über eine herrliche Steintreppe.

Oben und unten

Hoch überragt Schloss Losse mit Burgtor die Vézère.

SAINT-LÉON-SUR-VÉZÈRE

(9 km südwestlich von Montignac)

Die Straße von Montignac nach Les Eyzies streift, ohne es zu durchqueren, das reizende kleine **Dorf** Saint-Léon, das wirklich den Umweg verdient. Dieser Ort muss bereits im Altertum bewohnt gewesen sein, da die Kirche auf **galloromanischen** Fundamenten steht, die auf Seite der Vézère gut zu sehen erkennen sind. Die mit Lauzes gedeckte **romanische Kirche** (11. Jh.) ist der heiligen Léonce geweiht. Sie hat einen kreuzförmigen Grundriss und endet in einer Halbkuppelapsis, eingefasst von zwei Chorkapellen. Die Apsis ist mit Wandbögen verziert, die auf Säulen mit skulptierten Kapitellen ruhen.

Die Gewölbe der Apsis und der südlichen Chorkapelle weisen **Fresken** aus mehreren Epochen auf. In einem ländlichen Rahmen, am Ufer des Flusses, ist die auf einem kleinen Platz mit stillem Charme stehende Kirche eine der ältesten des Périgord. Sie wurde 1965 auf bemerkenswerte Art restauriert. Die **Ausgeglichenheit** ihrer Einheit und die perfekte **Harmonie** ihres Chorhauptes machen sie zu einer der schönsten. Schlendern Sie durch die Gassen, bewundern Sie die alten Häuser des Dorfes, das im Sommer durch

Links

Formvollendete romanische Baukunst: die Chorapsis der Kirche von Saint-Léon-sur-Vézère.

die Akkorde des **Festivals** klassischer **Musik** belebt wird. Am Rand der Straße steht das **Schloss von La Salle** mit einem quadratischen und mit Lauzes gedeckten Bergfried (14. Jh.) inmitten eines Parks. Dahinter zeigt das **Schloss von Clérans** (16. Jh.) seine hohen Dächer, die mit Wetterhähnen und Giebellukarnen gekrönt sind. Am Rand des Dorfes verbirgt der Friedhof seine Grabnischen (13. Jh.) und eine sehr schöne **Bußkapelle** gotischen Stils, vor kurzem restauriert, deren Portaltympanon sich mit einer recht sonderbaren Inschrift in „Langue d'oc" schmückt, die an ein außergewöhnliches Ereignis erinnert, dessen Zeuge das Dorf war. In der Zeit Ludwigs des Heiligen, im Jahre 1233, schoss ein Diener, der am Friedhof vorbeiging, mit einen Pfeil auf das Kruzifix, das den Eingang bewachte. Blut quoll aus dem Kruzifix, und der Mann fiel tot um, sein Kopf um 90° verdreht. So lautet die Legende, aber ist es wirklich eine **Legende**? 1890 wurde das Grab des Schänders von den Mitgliedern der sehr seriösen „Historischen und archäologischen Vereinigung des Périgords" aufgegraben. Sie entdeckten dort ein Skelett mit verdrehtem Schädel.

Oben

Saint-Léon-sur-Vézère in ländlicher Idylle.

Unten

Schloss Clérans in Saint-Léon-sur-Vézère.

SERGEAC-CASTELMERLE

(9 km südwestlich von Montignac)

Gegenüber dem Felsvorsprung des **Schlosses von Belcayre** bewahrt das kleine **Dorf** Sergeac eine bemerkenswerte Einheitlichkeit. Vor dem Dorf kündigt Ihnen ein schönes skulptiertes **Hosiannaweg-kreuz** (15. Jh.), auf dem man Christus, die heilige Jungfrau, den heiligen Michael und einen Ritter mit salamanderverziertem Schild erkennt, an, dass Sie zu einer Hochburg der Kultur des Périgords kommen. Eine auf einer alten galloromanischen Domäne gebaute Kirche, die von der Abtei von Sarlat abhing, existierte dort bereits 1053. Die **Templer** richteten dort 1275 eine bedeutende **Kommende** ein, die schnell aufblühte. 1280 verkaufte ihnen der mächtige Herr von Bergerac und Montignac Landbesitz und sein Justizrecht über Sergeac. Die Ritter-Mönche richteten dort die Residenz ihres **Großmeisters** im Périgord ein.

Die mit Lauzes gedeckten Häuser des Dorfes aus blondem Stein gruppieren sich um ein **Herrenhaus** aus dem 14. und 15. Jh., ehemaliges Wohngebäude des Kommandeurs, ein einfaches, von einem runden Turm mit Pechnasen flankiertes Haus, dem ein befestigtes **Portal** vorausgeht. 1 km vom Dorf entfernt erinnert eine weite Umwallung daran, dass sich hier die Kommende befand. Die schöne **romanische Kirche** (12. Jh.) mitten in Sergeac zeigt in ihrem schmucklosen Stil den Einfluss des Templerordens. Wie die meisten Dörfer des Vézère-Tals ist Sergeac ein bedeutendes Zentrum der **Vorgeschichte**. Man fährt etwas westlich vom Dorf bis in das kleine Tal von **Castelmerle** hinunter, dessen Zufluchtsstätten **besichtigt werden können** und das nach Les Eyzies das dichteste paläolithische Bevölkerungsgebiet des Schwarzen Périgords war. Seine neun Zufluchtsstätten waren von 30.000 bis 10.000 Jahre v. Chr. bewohnt und haben Kunstwerke und zahlreiche Werkzeuge geliefert. Die **Zufluchtsstätte Blanchard I**, im Aurignacien (30.000-25.000 v. Chr.) bewohnt und 1910 entdeckt und von Breuil untersucht, hat zwanzig Steinblöcke geliefert, die Ritzzeichnungen von Tieren aufwiesen und manchmal mit Malereien überladen waren sowie Ring- und Becherblöcke. Der **Roc d'Acier** weist Heimstätten des Périgords und von Solutré auf. Die **Zufluchtsstätte Labattut** besitzt Spuren

Oben
Schloss Belcayre.

einer Feuerstelle und einer Feuersteinwerkstatt. Man kann dort Nachbildungen von Felsmalereien und Ritzzeichnungen sehen, die ihre Decke vor 20.000 Jahren verzierten. Die **Zufluchtsstätte Reverdit** enthält ein Basrelief aus fünf im Magdalénien skulptierten Tieren. In der Zufluchtsstätte der Cro Magnon-Jäger, **Souquette**, wurden zahlreiche Knochen und Werkzeuge gefunden. Man kann gleichzeitig mit der Zufluchtsstätte Reverdit das **unterirdische**, sogenannte **Fort „der Engländer"** besichtigen.

Oben
Das Palmkreuz von Sergeac.

Unten
Die von Templern erbaute Kirche von Sergeac.

PEYZAC-LE MOUSTIER UND LA ROQUE-SAINT-CHRISTOPHE

(10 km nordöstlich von Les Eyzies)

Die **Vorgeschichte**, allgegenwärtig wie in Les Eyzies, hat den Ruf der Gemeinde begründet. Der berühmte **Zufluchtsort von Le Moustier (zu besichtigen)** gab seinen Namen dem **Moustérien**. Sie besteht aus zwei Zufluchtsstätten, die nacheinander 1864 von Lartet und von Peyrony untersucht wurden, und die jeweils das Moustérien der Acheuléen-Tradition, das typische Moustérien, aufweisen, das einen Zeitraum von 100.000 bis 35.000 Jahre v. Chr. umfasst sowie das Châtelperronien, Übergangszeit, in der der moderne Mensch auftritt und das alte Aurignacien (-30.000 Jahre). In der zweiten Zufluchtsstätte wurde das Skelett eines Jugendlichen vom Neandertaltyp gefunden.

1 km westlich, am „**Pas du Miroir**", wo die Straße zwischen der Felswand und dem Fluss verläuft und sich zwischen den Felsen hindurchschlängelt, kann auf einem Felsüberhang über der Vézère einen der außergewöhnlichsten Orte des Périgords **besichtigen: La Roque-Saint-Christophe**. Fünf Stockwerke, 80 m hoch und 500 m lang und ein bemerkenswertes **Höhlenfort** machen diesen Ort zu einem „must" für alle, die sich für die Vorgeschichte und die Archäologie begeistern. Dieses **riesige und natürliche Terrasse**, eine der größten Europas, war bereits im Moustérien bewohnt (-70.000 Jahre). Sie beherbergte nacheinander die Cro Magnon-Menschen, die des Neolithikums, der Bronzezeit (1500 v. Chr.), der Eisenzeit (800 v. Chr.), der gallo-romanischen Epoche und des Mittelalters. Der Ort, den der Besucher heute entdecken kann, ist eine riesige Höhlenanlage, die nur mit denen von Capadocce in der Türkei verglichen werden kann. Das Höhlenfort wurde von **Frotaire** eingerichtet, Bischof von Périgueux im 10. Jh., um die Wikinger daran zu hindern, die Vézère hinaufzufahren. Nachdem man den ursprünglichen Eingang des Forts durchschritten hat, entdeckt man Tausende rechteckiger Nischen, in die sich die

Unten
Die riesige Felswand von La Roque-Saint-Christophe.

Balken einfügten, die die Häuser trugen. Die **Zufluchtsstätten** weisen in den Fels gegrabene Behälter, Kanalisationen zum Auffangen und Abführen des Wassers und in den Felsen gehauene **Ringe** (insgesamt 1.500) zum Festbinden von Tieren und Aufhängen von Lampen auf. Einige „Säle" hatten eine präzise Bestimmung (Schlachtsaal, Räucherkammer, Geldkammer). Das eigentliche Dorf, über fünf Terrassen verteilt, konnte 1.000 bis 1.500 Einwohner aufnehmen. Man kann sich die Menschmenge, die Läden und die Werkstätten vorstellen und erkennt noch die **Kirche** an den eingemeißelten Kreuzen und den Gräbern. Von der Terrasse aus hat man einen weiten Blick über die Vézère. Am Fuße der Felswand lädt die 700 Jahre alte stattliche Festung von Reignac zur Besichtigung.

Oberhalb von Le Moustier, auf der **Côte de Jor** (Aussichtspunkt), entdeckt man das Schloss von **Chabans**, das Zentrum des **tibetanischen Buddhismus** von Dagpo Kagyuling und den schiefen Turm von **La Vermondie** (13. Jh.).

Oben

Die Burg Reignac.

Rechts

La Roque-Saint-Christophe: Nachbildung einer Hebevorrichtung.

ROUFFIGNAC: Die hundert Mammute und L'Herm

(16 km nördlich von Les Eyzies)

Fünf Kilometer südlich von Rouffignac können die Besucher eine herrliche **Reise in die Mitte der Erde** mit der Besichtigung der „**Höhle der Hundert Mammute**" unternehmen. Keine Karbidlampen wie zur Zeit von Jules Verne, aber ein kleiner **elektrischer Zug**, der durch die Höhle fährt.

Diese **riesige Höhle**, die mehr als acht Kilometer Stollen zählt, ist nie geschlossen worden und empfängt seit dem 16. Jh. Besucher. Obwohl sie von bekannten Prähistorikern – Martel, Breuil und Glory – erforscht wurde, wurden ihre Malereien erst 1956 von Nougier und Robert enthüllt. Viele sprachen damals von Betrug, heute stellt jedoch niemand mehr ihre Authentizität in Frage. Diese Höhle wurde erst spät bewohnt. Die Malereien stammen aus der **Mitte** und vom Ende des **Magdaléniens**, bzw. 11.000 Jahre v. Chr. Ausgrabungen am Eingang haben eine menschliche Anwesenheit am Ende der Vorgeschichte (Tardenoisien, Sauveterrien, Neolithikum und Eisenzeit) bewiesen. Lange vor Aufkommen der Kunst mussten die Menschen den **Bären** den Besitz der Höhlen streitig machen. Die Wildlager und die Krallenspuren sind noch ein Beweis für ihre Existenz. Man findet die ersten Malereien 800 Meter nach dem Eingang, und sie setzen sich bis tief in die Stollen fort.

Die Höhle verdankt ihren Namen um **150** Zeichnungen von **Mammuten**, von denen sie allein die Hälfte aller bis heute bekannten Darstellungen enthält. Es ist seltsam festzustellen, dass dieses Sanktuarium des Mammuts aus einer Epoche stammt, in dem es in unseren Regionen am Aussterben war, wie auch das Wollrhinozeros, das auf einem Fries dargestellt ist.

Das Mammut ist manchmal auf sehr realistische Weise dargestellt, wie der berühmte „**Patriarch**", dessen Rücken rituelle Zeichen trägt, aber oft ist nur die Umrisslinie gezeichnet. In der Nähe eines Schachtes hat der Künstler das Aufeinandertreffen von zwei Horden dargestellt. Der kleine Zug bringt uns zum Eingang des großen Saales, dessen mit einer Reihe von Pferden, Bisons, Steinböcken und Mammuten bemalte **Decke** das Meisterwerk von Rouffignac darstellt.

Fünf Kilometer nördlich kann das **Schloss von L'Herm** von allen Personen **besichtigt werden**, die keine Angst haben, dort Gespenster anzutreffen, die aus einem wahren **Drama**

Shakespeares hervorgegangen sind. Ein kleiner Weg führt zum Schloss, das nur noch eine beeindruckende **Ruine** ist, die den Anschein erweckt, von einer göttlichen Strafe getroffen worden zu sein.

Im Jahre 1513 ließ **Jean III. de Calvimont**, künftiger Botschafter von Franz I., die ursprüngliche Festung ausbauen. Das Drama beginnt mit dem gewaltsamen und mysteriösen Tod des Sohns des Erbauers von L'Herm, der als einzige Erbin seine drei Jahre alte Tochter **Marguerite** hinterlässt. Seine Witwe, **Anne d'Abzac**, eher von Selbstsucht als von Gefühlen geleitet, möchte sich zugleich mit Foucault d'Aubusson vermählen und sich das Erbe aneignen. Sie zwingt daher ihre Tochter zur Heirat mit François, Sohn von Foucault. Die Jahre vergehen, ohne diese erzwungene Ehe glücklich zu machen. François verliebt sich in eine gewisse **Marie d'Hautefort**, Tante „der Aurora" Ludwigs XIII. und hat nur einen Gedanken: sich Marguerite vom Hals zu schaffen. Er hat, so scheint es, keine Schwierigkeiten, seine Schwiegermutter für diesen schauerlichen Plan zu gewinnen. An einem Tag im Februar 1605 verabschiedet er alle seine Diener, zwingt Marguerite, einen Brief zu unterschreiben, der sie aller ihrer Güter enthebt und lässt sie erwürgen.

Aber François kommt nicht ungeschoren davon: es wird eine Autopsie verlangt, viele Zeugenaussagen werden gesammelt. Eher von Angst als von Reue getrieben, beschuldigt Anne d'Abzac ihren Schwiegersohn des Mords an ihrer Tochter. François reist nicht mehr ohne eine bewaffnete Truppe, die die Soldaten, die ihn festnehmen sollen, buchstäblich ins Jenseits befördert. Die Angelegenheit zieht sich in die Länge und François, noch immer in Freiheit, heiratet 1606 Marie d'Hautefort.

Drei Jahre nach dem Mord willigt die noch immer eigennützige Anne d'Abzac ein, gegen eine Teil des Erbes ihrer Tochter ihre Klage zurückzuziehen. Aber ihre Nachbarn, insbesondere die **Calvimont** de Saint-Martial, machen einen Skandal und zwingen sie, den Mörder vor Gericht zu bringen. **François d'Aubusson** stellt sich der Pariser Justiz und stirbt einige Jahre später in der Conciergerie.

Leider ist die Sache damit nicht beigelegt. Marie d'Hautefort zeigt einen ebenso harten Charakter wie Anne d'Abzac. Mittels der Ermordung der beiden Brüder Saint-Martial erreicht sie auf rechtmäßige Weise den Besitz des Schlosses. Aber da vergossenes Blut weiteres Blut fordert, wird ihr Sohn ermordet. Marie, die Schutz sucht, heiratet Raphaël de Baudet, einen ehemaligen Komplizen, und verspricht nach einem bereits erprobten Plan ihre Tochter Françoise dem Sohn von de Baudet. Aber Françoise war bereits mit Godefroy de la Roche-Aymon verlobt. Die beiden Freier treffen im Duell aufeinander, und entgegen allen Erwartungen tötet Godefroy seinen Gegner. Indem er Mitglied der Familie wird, tritt er auch in den Dienst seiner Schwiegermutter, denn er tötet im Duell einen Calvimont, der gewagt hatte, die Witwe des ermordeten Sohns von Marie zu heiraten. 1647 stirbt Françoise im Wochenbett. Der mit Leib und Seele Marie verschworene **Raphaël de Baudet** lässt Charles de Chaumont ermorden, einen Schwager, mit dem sie zerstritten war. Aber er stirbt selbst in dem Feuergefecht, das er organisiert hatte. Die Jahre vergehen, weiterhin düster. Die Tochter von Françoise verliert ihren ersten Mann im Krieg; ihr zweiter Mann wird ermordet. Marie d'Hautefort stirbt eines natürlichen Todes in dem verfluchten Schloss. L'Herm wurde schließlich 1682 von einer anderen Marie de Hautefort gekauft, die einen besseren Eindruck hinterlassen hat und das Schloss an einen Bauern vermietete.

Linke Seite
Das für seine grauenvolle Geschichte bekannte Schloss von l'Herm.

Unten
Das Portal des Schlosses von l'Herm.

Oben und unten
Ausreichend Schutz und Obdach bot das Höhlenfort La Madeleine.

TURSAC-LA MADELEINE und der PRÉHISTOPARC

(5 km nordöstlich von Les Eyzies)
Das kleine Dorf Tursac ist eines der hauptsächlichen **prähistorischen** Zentren des Périgords. Dem Dorf gegenüber, am rechten Ufer der Vézère und auf gleicher Höhe wie der Fluss, liegt die **Zufluchtsstätte von La Madeleine**, die dem **Magdalénien** den Namen gegeben hat und dem Spaziergänger den Charme ihres ländlichen Rahmens bietet. Die 1863 von Larret begonnenen und von Peyrony fortgesetzten Ausgrabungen haben zahlreiche Werkzeuge, schöne Beispiele der Möbelkunst und ein Kinderskelett freigelegt. Sie haben vor allem erlaubt, die vollständige Chronologie des mittleren und jüngeren Magdaléniens aufzustellen, wobei der Ort bis ins Azilien, bzw. 12.000 bis 8.000 Jahre v. Chr., bewohnt wurde.

Der prähistorische Teil von La Madeleine kann nicht besichtigt werden, aber niemand wird die **Besichtigung des Höhlenforts** und der **Schlossruinen** bedauern. Hier, wie an vielen Stellen des Périgords, folgt auf die prähistorische Stufe ein Dorf des hohen Mittelalters (10. Jh.), das in den Felsen gegraben und befestigt war, um den Überfällen der Wikinger zu widerstehen. In diesem großen Höhlendorf, das noch im 17. Jh. bewohnt war, bemerkt man eine **Kapelle** (15. Jh.) in der nach der Legende ein Schatz versteckt war und eine hochgelegene Wach- oder Spähergrotte. Diese Wartposten erlaubten die Kommunikation zwischen den Forts durch Lichtsignale und das Anfordern von Hilfe bei Angriffen. Bei der Besichtigung entdeckt man unter anderem das Verteidigungssystem des Dorfes sowie das tägliche Leben unserer in Höhlen hausenden Vorfahren. Der Hügel trägt das mittelalterliche Schloss von **Petit Marzac**, die dritte Stufe, die das schöne Beispiel des Fortbestands des Lebens durch Jahrhunderte und Jahrtausende hindurch abschließt.

In der Nähe von Tursac sind die Zufluchtsstätten von **Cellier** und von **Pagès**, der Weiler **Ruth** und insbesondere der **Préhistoparc** zu besichtigen, in dem **Szenen des prähistorischen Lebens** in einem natürlichen Rahmen **dargestellt sind**: Mammutjagd, Zerkleinern von Feuerstein, Bestattung, angreifende Wollrhinozerosse, usw.

Oben und unten
Der Préhistoparc stellt Szenen des prähistorischen Lebens nach.

Unten
Weltberühmt wurde das Dorf Les Eyzies durch seine prähistorischen Höhlen.

LES EYZIES

(21 km östlich von Sarlat)

Les Eyzies als die **Welthauptstadt der Vorgeschichte** vorzustellen, wäre ein Gemeinplatz. Die zahlreichen verzierten Höhlen und insbesondere die unzähligen Zufluchtsstätten unter Fels bekräftigen diese Idee. Die verschiedensten Stile und Epochen, nicht nur der Vorgeschichte, sondern auch der Geschichte, sind dort vertreten und machen Les Eyzies zum Urbild der Stadt, in der man eine **Reise durch die Zeit** unternehmen kann. Diese weite, ortsgebundene Reise erlaubt uns, den Ablauf der prähistorischen Zeit besser zu verstehen: von La Micoque bis Laugerie-Basse, von 300.000 bis 5.000 Jahre v. Chr., hat die Vorgeschichte von Les Eyzies sechzigmal länger gedauert als das christliche Zeitalter.

Auch wenn die Vorgeschichte nicht jeden Schritt begleiten würde, verdiente Les Eyzies einen Besuch, sei es nur wegen seiner Lage. Am Zusammenfluß der Vézère und der Beune klammert sich das kleine Dorf, aus dem ein altes, in ein Museum verwandeltes Schloss ragt, an hohe Felswände, die zahlreiche Zufluchtsstätten, Höhlen und **Höhlenwohnungen** aufweisen und mit Grüneichen und Wacholder bedeckt sind. Eine kleine Straße, die sich nach Überqueren der Vézère zwischen Fluss und Felsen hindurchschlängelt, folgt der Strecke des „**fürstlichen Weges**“ der Vorgeschichte; eine unvorstellbare Folge von Höhlen und Zufluchtsstätten in einem beeindruckenden, aus Felswänden gebildeten Rahmen.

Oben

Die Vézère spielte bereits in der Vorgeschichte eine zentrale Rolle.

Mitte

Die Wehrkirche von Tayac.

Unten

Kapitellornamentik am Kirchenportal von Tayac.

Das Landesmuseum der Vorgeschichte

Das 1913 auf Anregung von Peyrony vom Staat gekaufte **Schloss** von Les Eyzies, selbst auf einem prähistorischen Fundort und einem Höhlendorf gebaut, wird 1918 das Museum der Vorgeschichte.

Es wurde 2004 vollständig renoviert und um 3.650 m^2 erweitert. Das Museum stellt über 18.000 Objekte aus (seine Sammlungen zählen ganze 6 Mio. Stücke) und zeichnet anschaulich 400.000 Jahre menschliche Präsenz nach. Der Museumsparcours beginnt mit den Ursprüngen des Menschen, bevor er sich mit Frankreich und insbesondere mit dem Vézère-Tal befasst. In großen Vitrinen ist die Entwicklung des Werkzeugs bis zum Ende der Altsteinzeit vor 12.000 Jahren dargestellt. In einer Ausstellung erfährt der Besucher anhand zahlreicher Funde, wie sich unsere Vorfahren ernährten, kleideten und werkten. Ferner belegen Kunstgegenstände und Grabstätten die Glaubens- und Abstraktionsfähigkeiten des vorgeschichtlichen Menschens. Temporäre Ausstellungen, ein Hörsaal, ein Forschungslabor und eine Bibliothek mit 25.000 Werken runden den Besuch dieses beeindruckenden Museums ab.

Bevor man das Museum verlässt und dabei den herrlichen Blick von der Terrasse aus genießt, sollte man nicht vergessen, den steinernen Wächter des Museums, den berühmten „**Urmenschen**", zu grüßen, ohne den traditionellen Fehler zu begehen, ihn mit dem Menschen von „Cro Magnon" zu verwechseln. Er könnte sonst böse werden.

Linke Seite oben
Im Schloss von Les Eyzies befindet sich das Landesmuseum der Vorgeschichte.

Linke Seite links unten
Das Museum von Les Eyzies: Alte und neue Bauten bilden ein harmonisches Gefüge.

Linke Seite rechts unten
Der Urmensch des Bildhauers Dardé vor dem Museum.

Unten
Sammlungen des Museums von Les Eyzies:
- Faustkeil aus der jüngeren Altsteinzeit.
- Messer und Schaber.
- Harpune aus dem Magdalénien.

DIE VERZIERTEN HÖHLEN

Font-de-Gaume: Wenn man Le Eyzies auf der Straße nach Sarlat verlässt, bringen uns ein steiler Weg am Hang der Felswand und ein schmaler, unebener Eingang, der für die Illustrierung eines Romans von Jules Verne

Oben

Wisent in der Höhle Font-de-Gaume. (© Landesmuseum der Vorgeschichte, Les Eyzies)

Unten

Von der Vorgeschichte bis zur heutigen Zeit suchte der Mensch Zuflucht in den Felshängen des Périgord, wie hier in der Höhle Font-de-Gaume.

oder eines Films von Walt Disney bestimmt zu sein scheint, nach Font-de-Gaume. Die zu **besichtigende** Höhle besitzt eine schöne Gruppe **Ritzzeichnungen** und bunte **Felsmalereien**, die zum größten Teil aus dem **Magdalénien** stammen (-12.000 Jahre). Nach 60 Metern unter der Erde gelangt man zu einer Verengung, dem „Rubikon", der den Anfang des verzierten Teils der Höhle kennzeichnet. Rote Punkte an der linken Wand weisen den Weg.

Eine Reihe Stäbchen kennzeichnet auf gleiche Weise den Hintergrund des Stollens. Nach „Überschreiten des Rubikons" entdeckt man den ersten Fries: ein Dutzend Mammute und Bisons. Ritzzeichnungen und Felsmalerei sind in ihm kombiniert. In der Nähe der Kreuzung entdeckt man auf der linken Seite die berühmte Szene der **Rentiere**: ein großes männliches Tier mit angezogenen Beinen ist über ein weibliches Tier gebeugt. Auf der rechten Seite, in der seitlichen Ecke, entdeckt man mehrere Bisons, Rentiere und Pferde, jedoch teilweise durch Kalkspat beschädigt. Wenn man in den Hauptstollen zurückkehrt, hebt sich ein großes Fries mit fünf geritzten und gemalten Bisons von einem Hintergrund aus weißem Kalkspat ab. Hinten im Stollen, in einer „**die Kapelle der Bisons**" genannten Vertiefung, entdeckt man zwischen einem Dutzend Darstellungen vier bunte Bisons.

Les Combarelles: Die 1901 entdeckte und von Capitain, Breuil und Peyrony erforschte Höhle von Les Combarelles (**ebenfalls zu besichtigen**) liegt nah an der Straße von Sarlat, 1, 5 km von Font-de-Gaume entfernt. Einige **800 Wandmalereien** verteilen sich über die 300 Meter dieses gewundenen unterirdischen Ganges. An den Wänden der letzten 120 Meter sieht man eine Überzahl von ineinander übergehenden Ritzzeichnungen: Mammute, Steinböcke, Halbesel, Bären, Rentiere, Rehe, Wollrhinozeros, Bisons, Pferde. Das Pferd dominiert stark: nahezu 140 Pferde lassen sich erkennen. Diese Ritzzeichnungen stammen aus den mittleren und jüngeren Zeitstufen des **Magdaléniens** (zwischen -12.000 und -10.000 v. Chr.). Die Höhle ist auch auf Grund der zahlreichen Menschenbilder berühmt, insgesamt 48. Zu den anderen Sehenswürdigkeiten der Höhle gehören ebenfalls die Ritzzeichnungen von einer **Löwin**, einem Halbesel, einem Steinbock, eine der seltenen Felsmalereien von Les Combarelles und insbesondere die eines trinkenden Rentiers.

2 km südlich von Les Eyzies birgt die 1891 entdeckte Höhle von **La Mouthe** mit Ockerstrichen hervorgehobene **Ritzzeichnungen**. Diese Werke lassen sich vom **Gravettien** (-25.000 Jahre) bis zum jüngeren Magdalénien (-10.000 Jahre) datieren. Die Hauptsehenswürdigkeit bleibt eine geritzte und gemalte Darstellung, in der man eine prähistorische **Hütte** vermutet.

Unten
In die Felswand geritztes Rentier in der Höhle Les Combarelles. (© Landesmuseum der Vorgeschichte, Les Eyzies)

DIE ZUFLUCHTSSTÄTTEN

Wir stellen Ihnen die Hauptzufluchtsstätten, in denen die Bevölkerungen von Les Eyzies lebten, in chronologischer Reihenfolge der Siedlungsgebiete vor, die eine anscheinende Kontinuität aufweisen.

Unten

Höhlenkammer Les Marseilles.

Der Fundort von **La Micoque** begnügt sich nicht damit, seinen Namen dem Micoquien, der zeitgenössischen industriellen Seite des Anfangs des Moustérien (100.000 v. Chr.) zu geben. Seine niedrigste Stufe hat einige klar ältere Feuersteine zutage gebracht, die aus der Zeit um 300.000 v. Chr. stammen und von den ersten Bewohnern von Les Eyzies bearbeitet wurden.

Aber Les Eyzies und seine Umgebungen müssen das **Aurignacien** (30.000 v. Chr.) abwarten, um mit dem Erscheinen des **Homo-Sapiens-Sapiens** eine wahre demografische Explosion zu erfahren und der Mittelpunkt der prähistorischen Welt zu werden. Dieser Mensch von Aurignac, der das Périgord wählt, um sich dort niederzulassen und die ersten Kunstwerke anzufertigen, ist uns unter dem Namen „**Cro Magnon**" bekannt. An der Cro Magnon-**Zufluchtsstätte** in Nähe des gleichnamigen Hotels wurden 1868 fünf von Schmuck und Muscheln umgebene Skelette gefunden. Ihre Untersuchung durch Lartet hat erlaubt, einen hochgewachsenen Menschentyp (1,80 m) zu entdecken, der uns sowohl vom Aussehen als auch von seinem Schädelvolumen her sehr ähnlich ist.

Das **Tal Gorge d'Enfer, das besichtigt werden kann**, weist mehrere kleine Höhlen und eine riesige Zufluchtsstätte unter Fels auf. Ebenfalls im Val d'Enfer weist die **Zufluchtsstätte des Fisches** eine erste Stufe des Aurignacien auf, aber die **Skulptur** eines **großen Lachses** an der Decke stammt aus dem Gravettien (-25.000) oder aus dem jüngeren Périgordien (-30.000). Die vierzehn archäologischen Stufen der **Zufluchtsstätte Pataud** decken die Zeiträume des Aurignacien, des Gravettien und des älteren Solutréen (-32.000 bis -18.000). Ein bemerkenswertes **Museum** der geschichtlich bedeutsamen Anlagen bietet dem Besucher Tafeln, Schaukästen, Videovorführungen und belebte Modelle. Man entdeckt bewegt das Skelett einer sechszehnjährigen **Frau** sowie eine Bronzestatue, die sie darstellt. Die Decke der Zufluchtsstätte weist einen skulptierten Steinbock auf.

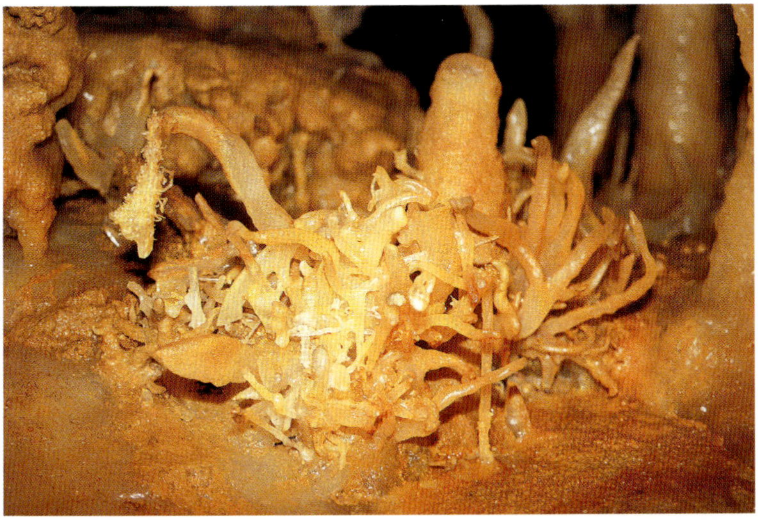

Laugerie-Haute kann besichtigt werden und hat auf Grund ihrer **42 Sedimentstufen**, deren Reste den Besuchern gezeigt werden, als Maßstab für die Aufstellung der prähistorischen Chronologie gedient. Sie war bereits ab Ende des Périgordiens (20.000 v. Chr.) bewohnt und ist vor allem charakteristisch für das Solutréen (20.000 bis 15.000 v. Chr.), von dem es alle stratigrafischen Serien aufweist. Sie wurde im Magdalénien nach dem Einsturz ihrer oberen Terrasse ca. 14.000 Jahre v. Chr. aufgegeben. Der ebenfalls zu **besichtigende** Fundort von **Laugerie-Basse** barg in seiner ersten Zufluchtsstätte zahlreiche Werkzeuge aus dem mittleren und jüngeren Magdalénien sowie aus dem Azilien (bzw. 12.000 bis 8.000 v. Chr.). Nach den Ausgrabungen von Lartet im Jahre 1864 fand man dort 1872 ein von Muscheln umgebenes Skelett. Die zweite Zufluchtsstätte, die der Marseilles, deckt einen größeren Zeitraum. Das ganze Magdalénien von 15.000 bis 10.000 v. Chr. ist dort vertreten.

Kehren wir wieder in historische Zeiten zurück, um die **Kirche von Tayac** zu besichtigen, wie eine Festung von der Mönchen der Abtei von Paunat im 12. Jh. gebaut. Auf der anderen Seite der Vézère war der **Roc de Tayac** zunächst ein **Höhlenfort**, bevor es im späten Mittelalter eine Festung und ein Brückenzollposten für die Fährleute wurde. Am Anfang des Jahrhundert in ein „oberirdisches Restaurant" verwandelt, enthält es heute das **Speläologiemuseum**, in dem die Ausrüstungen der Forscher sowie Höhlentierexemplare mit Erläuterungstafeln zu sehen sind. Man kann ebenfalls die zwischen prähistorischen Fundorten oberhalb von Laugerie-Basse versteckte **Tropfsteinhöhle von Grand-Roc besichtigen**. Sie wurde 1924 entdeckt und enthält sehr schöne exzentrische Konkretionen, die an Korallen erinnern.

An der Straße von Périgueux besitzt **Manaurie** nach Laugerie-Haute eine weitere **Tropfsteinhöhle** mit bunten Stalaktiten (**Carpe Diem**) sowie schöne mittelalterliche Gärten (*Les jardins de la Licorne*).

Oben
Konkretionen in der Höhle Grand-Roc.

Unten
Prähistorischer Schmuck (Sammlung des Landesmuseums von Les Eyzies).

SIREUIL-COMMARQUE

(7 km östlich von Les Eyzies)

Über den Tälern der beiden **Beune**, Nebenflüsse der Vézère, zählt das kleine Dorf **Sireuil** bedeutende **prähistorische** Fundorte.

Die berühmtesten „**Bories**" oder Steinhütten des Périgords, „**die gallischen Hütten von Breuil**" liegen etwa 7 km südöstlich von Sireuil, in Nähe des Weilers Bénivès. Nah an einem Bauernhof gebaut, wo sie als Schafstall dienen, bilden sie eine der sonderbarsten Baueinheiten. Diese fälschlich „gallisch" genannten Hütten wurden zu einem unbestimmten Zeitpunkt gebaut. Dieser ländliche Baustil wurde seit 3.000 v. Chr. bis ins letzte Jahrhundert angewendet. Die **Filmindustrie** konnte eine solche Landschaft nicht ignorieren. Die Kameras von Stellio Lorenzi für „*Jacquou le Croquant*" und die von Robert Hossein für „*Les Misérables*" filmten diese malerischen Bories.

Oben

Die Kirche von Sireuil.

Unten

Die Steinhütten von Breuil aus Trockenmauerwerk.

Vier Kilometer östlich von Sireuil liegt das schwer zu erreichende **Commarque**, das von den umliegenden Weilern durch einen dichten Wald isoliert ist und über ein sumpfiges Tal herrscht, durch das die Beune fließt. Es erscheint wie das Gespenst eines Schlosses, ein perfektes Beispiel der mittelalterlichen **Festungen** im Périgord und heute eine riesige **Ruine**, die noch vor kurzem hinter Bäumen und Dornenhecken verschwand. Sein hoher Bergfried ragt über die Reste eines früher von einem hohen Wall umgebenen Dorfes.

Dieser Ort war bereits in sehr alten Zeiten bewohnt, wie eine **prähistorische Höhle** unter dem Schloss beweist. Sie weist ein skulptiertes Pferd auf, das an seine „Nachbarn" von Cap-Blanc erinnert. Die **Felswand** zwischen der Höhle und dem riesigen Schloss aus dem 13. Jh. enthält eine Vielzahl von Zufluchtsstätten, Reste eines **Höhlenforts**, das wahrscheinlich im 9. oder 10. Jh. angelegt wurde. Diese Folge von Heimstätten, die an einen in der Zeit erstarrten langen Abschnitt der Menschengeschichte erinnert, eine Zeit die vor 500 Jahren stillgestanden wäre, ist beeindruckend und ein wenig beängstigend.

Am Anfang des 12. Jh. „vermachte Gérard de Commarque" angeblich „den **Templern** seinen Besitz". Das Schloss wird eine Kommende verwandelt, die nach dem tragischen Verschwinden des Ordens an die Hospitaliter von Saint-Jean von Jerusalem übergeht. Diese letzteren errichten den enormen **Bergfried** und verkaufen dann die Festung an den Baron von Beynac. Nach dem Vertrag von Brétigny (1360) schließt sich der Herr von Commarque, wie auch sein Cousin Beynac, Karl V. an und widersteht dem Eindringling.

1370 stirbt Pons de Beyrac und lässt als Erbin nur ein **dreijähriges Mädchen**, Philippe, zurück. Da das Erbe

Oben
Schloss Commarque und Dorfruinen.

Oben
Die Kapelle von Commarque.

Unten
Der mysteriöse Bergfried von Schloss Commarque.

vom Nachbarn und Rivalen Castelnaud bedroht wird, der sich den Engländern angeschlossen hatte, verlobt sich **Pons de Commarque**, zu dieser Zeit im besten Mannesalter, mit dem kleinen Mädchen, um es zu schützen. Er kämpft für Frankreich und heiratet Philippe 1379, nachdem er Herr von praktisch dem ganzen Schwarzen Périgord geworden war. Die junge Dame von Commarque ist zu diesem Zeitpunkt 12 Jahre alt und hat wohl nicht sehr lange gelebt, denn Pons vermählt sich erneut 1405 mit Magne de Castelnaud. Und doch wird Commarque 1406 von den Truppen von Archambaud d'Abzac eingenommen. Pons und seine Familie blieben sechs Monate lang Gefangene der Engländer, bis ihre Freiheit erkauft wurde. Als Belohnung für die von ihm erwiesenen Dienste erhält er vom König Karl VII. das Schloss von Campagne. Er stirbt 1440. Seine Nachfolger haben nicht seine Umsicht. Das ganze 15. und 16. Jh. hindurch verwüsten sie die Umgebung, erpressen die Reisenden und verleihen so dem Schloss seinen **schlechten Ruf**.

Das Schloss ist heute wieder in den Besitz der Familie von Commarque übergegangen, und sein Eigentümer möchte, auch wenn er den Zerfall des Gebäudes aufhalten will, **dessen wilden und romantischen Charakter** bewahren und dem Besucher freien Zugang lassen. Dieser kann nach Überqueren der beiden Zugbrücken, die über trockene und durch kleine

Burgen geschützte Burggräben führen, ein im 13. und 16. gebautes Herrenhaus entdecken, das Fenster mit steinernen Fensterkreuzen und zahlreiche Treppentürmchen besitzt. Der Besucher kann durch die zerstörten Säle mit offenen Kaminen schreiten und auf den riesigen **quadratischen Bergfried aus dem 12.** Jh. steigen, von dem er einen schwindelerregenden Blick auf eine Landschaft hat, die an die Schöpfung oder an die Apokalypse denken lässt und in der sich Pflanzenreich und Mineralreich abgesprochen zu haben scheinen, um jede menschliche Anwesenheit auszuschließen.

Am Fuß des Schlosses liegt das mittelalterliche **Dorf**, in dem man die romanische Kirche und ihre Krypta sowie den Backofen und ein eingestürztes Haus erkennt. Gegenüber liegt **Laussel**, der elegante „kleine Bruder" des Beune-Tals, unerlässliche Ergänzung von Commarque, ohne den der Reiz des Ortes nicht vollständig wäre. Zwischen den beiden Schlössern liegt die **Sumpfebene**, vormals mit Hanf bedeckt, die heute die furchtbaren Fallen ihrer Sümpfe verbirgt und durch die das klare Wasser der Beune fließt. Die von der Zeit verschont gebliebene Landschaft von düsterster Romantik inspirierte die Fantasie der Künstler. Robert Merle verlegte die Handlung seines Buches „*Malevil*" hierher, Jean-Luc Aubarbier seinen Thriller „*L'échiquier du Temple*" und Claude Cénac sein „*Demain l'an mil*". Der Cineast **Ridley Scott** drehte hier auf meisterhafte Weise das Ende seines Films „*Die Duellisten*".

Links

Blick von Commarque auf Schloss Laussel: Kletterpflanzen an altem Mauerwerk bilden einen malerischen Rahmen.

MARQUAY: CAP-BLANC und PUYMARTIN

(11 km nordöstlich von Sarlat)

Das auf einem Hügel zwischen den beiden Beunes liegende Dorf Marquay gruppiert seine schönen Häuser im Stil des Périgords um seine **romanische Wehrkirche** aus dem 12. und 13. Jh.

5 km westlich davon erlaubt die Zufluchtsstätte von **Cap-Blanc** eine unvergessliche **Besichtigung**. Sie enthält einen der beeindruckendsten bekannten Friese der Vorgeschichte. Auf einer Länge von 13 m entdeckt man tiefe **Skulpturen von Pferden** und Rindern, die aus der Wand zu springen scheinen. Ihre Abmessungen (das Hautrelief des mittleren Pferdes ist 2,20 m lang) und ihre künstlerischen Qualitäten verleihen dem Fries einen erstaunlichen Realismus. Diese Werke stammen wahrscheinlich aus dem älteren oder mittleren Magdalénien (13.000 Jahre v. Chr.).

Fünf Kilometer westlich, über den Sümpfen der Beune und gegenüber der schönen Festung von Commarque, zeigt das sehr gut restaurierte **Schloss von Laussel** (15. und 16. Jh.) die elegante Silhouette seiner Türme mit

Oben und unten
Das von einer „Weißen Dame" heimgesuchte Schloss Puymartin.

Pechnasen, seines Bergfrieds und seiner Kapelle aus dem 17. Jh. In der Nähe des Schlosses kann man einen seltsamen **Höhlentaubenschlag** und den **prähistorische Fundort von Laussel** sehen.

Sechs Kilometer südlich davon, in der Nähe von Sarlat, ragt die elegante Silhouette von **Puymartin** aus dem Wald. Es wurde im 15. und 16. Jh. gebaut, **kann besichtigt werden** und besitzt interessante alte Möbel. Man sagt, dass es von einer „Weißen Dame" heimgesucht wird. Das prähistorische Höhlenfort Roc de Cazelle zeigt in Nachstellungen, wie die Cro-Magnon-Menschen lebten.

In der Gemeinde von **Meyrals** kann man die Höhle von **Bernifal** besichtigen, die Malereien und Ritzzeichnungen des Magdaléniens enthält. An der Straße von Sarlat nach Les Eyzies liegen die ebenfalls zu besichtigenden, seit der Urgeschichte bewohnten Höhlen von Roc de Cazelle.

Oben
Vorgeschichtliche Skulpturen in der Höhle Cap-Blanc.

Unten
Höhle Roc de Cazelle: Nachbildung einer vorgeschichtlichen Wandmalerei (Mammut).

LE BUGUE: PROUMEYSSAC und BARA-BAHAU

(11 km westlich von Les Eyzies)

Die terrassenförmig am rechten Ufer einer Schleife der Vézère gebaute und von bewaldeten Hügeln umgebene **kleine Stadt Le Bugue** – das goldene Tor der Vorgeschichte – ist mit ihren 3.000 Einwohnern einer der Hauptorte des Schwarzen Périgords. Ein bedeutendes und bemerkenswert eingerichtetes **Museum-Aquarium** und das „Dorf von Bournat“ (Rekonstitution alter Handwerke) ziehen immer mehr Besucher an. Weitere Sehenswürdigkeiten sind das Naturschutzhaus, das Vogelschutzreservat „Terre des Oiseaux“ und die Parkanlage Arbories.

Oben

Die Gemeinde Le Bugue an den Ufern der Vézère.

Unten

Die Mühle des Handwerksdorfs Bournat im Ort Le Bugue.

Einen Kilometer nordwestlich davon liegt die **Höhle von Bara-Baha**, die 1951 vom Höhlenforscher Norbert Casteret entdeckt wurde. Diese 100 m lange Höhle kann **besichtigt werden**. In ein bröckliges und sehr weiches Felsgestein – der Abbé Glory verglich es mit Quark – haben die prähistorischen Künstler mit dem Finger, mit Feuerstein oder Stöcken geheimnisvolle Zeichen und die Umrisse von Auerochsen, Bären, Bisons, Steinböcken und Pferden geritzt. Der sehr rustikale Stil dieser Werke macht ihre Datierung schwierig. Sie stammen wahrscheinlich aus dem älteren Magdalénien (15.000 v. Chr.).

Oben
Sehenswert in Le Bugue: das Museum mit Aquarium.

Unten
Eingravierte prähistorische Zeichnungen in der Höhle Bara-Bahau.

Auf dieser Seite
Magische Gebilde in der Tropfsteinhöhle Proumeyssac:
- Gesamtansicht der Höhle mit Gondel.
- Versteinernder Brunnen.
- Die „kleine Qualle".

3 km weiter südlich kann der **Abgrund von Proumeyssac besichtigt** werden. Man entdeckt dort einen fast 50 Meter hohen **Tropfstein-Naturschacht**, eine große Zahl durchscheinender Stalaktiten (die dank des Durchflusses eines Bachs noch immer leben), exzentrische Konkretionen mit seltsamen Formen, eine versteinernde Fontäne und sehr seltsame dreieckige Kristallisationen.

Proumeyssac, nach Norbert Casteret „**eines der schönsten Kleinode des unterirdischen Frankreichs**", ist einer der unumgehbaren Orte des Périgords. Die bemerkenswerten Bemühungen der Besitzer bezüglich der Ausstattung lassen uns nicht die Epoche bedauern, in der man vom Gipfel aus mit einer zerbrechlichen Gondel in die Tiefe befördert wurde.

4 km weiter östlich besitzt das kleine Dorf **Saint-Cirq** du Bugue eine zu **besichtigende prähistorische Höhle**, die die außergewöhnliche **Darstellung eines Manns** mit vollständigem und menschlichen Gesicht aufweist. Zur gleichen Zeit kann man das **Höhlenfort** von Le Pech Saint-Sourd besichtigen.

Oben
Der „Zauberer" in der Höhle von Saint-Cirq-du-Bugue.

Unten
Die Schildkröten-Skulptur wird im Museum von Saint-Cirq-du-Bugue aufbewahrt.

In der Nähe von Bugue kann man das Schloss von **Campagne** (16.-18. Jh.) besichtigen, den prähistorischen Fundort von **La Ferrassie** (Moustésien und Périgordien) und das Schloss von **Fleurac**, Geburtsort von Saint-Exupéry, und sein Automobilmuseum. Am Zusammenfluß der Vézère und der Dordogne bietet das alte Dorf **Limeuil** den schönsten Blick auf das Périgord, wenn man E. Le Roy Glauben schenkt. Man muss die reizende Kirche Saint-Martin sehen, die vom König von England zur Sühne für die Ermordung des Erzbischofs von Canterbury, Thomas Beckett, errichtet wurde, sowie den Park mit seinem wunderschönen Ausblick. Man kann ebenfalls die mächtige befestigte Abtei von **Paunat** (12. Jh.) besichtigen sowie die gleichfalls befestigte Kirche und die große Wasserfläche von **Trémolat**.

Rechte Seite
Das Schloss von Campagne.

Unten
Die Dordogne zwischen Limeuil und Trémolat.

Das Land der Bastiden

Das traditionsgemäß an das Purpurne Périgord angeschlossene „Land der Bastiden" zwischen Dordogne und Dropt liegt an der südlichsten Grenze des Départements und reicht sogar bis in das Lot-et-Garonne. Es verdankt seine geografische Einheit dem großen Wald von Bessède, der im 13. und 14. Jh. dank der Anlegung neuer Städte, der Bastiden, urbar gemacht und kolonisiert wurde. Diese Bastiden, Vorwände für den Herrscher, um die Feudalgewalt zu mindern und für die Kirche, um die Ketzerei der Katharer auszurotten, kennzeichnen vor allem die Rivalität zwischen den Königen von Frankreich und England, die darin sogar einen guten Grund sahen, den Hundertjährigen Krieg auszulösen.

Linke Seite
Die Stadt Belvès: alter Kirchturm und traditioneller Maibaum.

Unten
Ausblick auf Belvès.

CADOUIN

(42 km südwestlich von Sarlat)

Bevor man das Tal der Dordogne verlässt, sollte man **Saint-Cyprien** (Klosterkirche, 12., 14., 16. Jh.; Schloss von La Roque, 15.-16. Jh. und von Fages, 16.-17. Jh.), das winzige Dorf Urval (sowie den Schlosspark von La Bourlie), die Kirche von **Le Coux**, die geschichtlich bedeutsame Anlage von **Bigaroque**, alte Festung des Papstes Klemens V. und die hochgelegene Stadt **Belvès** besuchen. In dieser Stadt der 7 Kirchtürme können die Besucher die zwischen dem 13. Jh. und 18. Jh. bewohnten unterirdischen Anlagen be-

sichtigen. In Cussac unweit von Buisson wurde eine weitere wunderschöne prähistorische Grotte entdeckt. Zu besichtigen allerdings ist die Grotte von Maxange oder so genannte „Sternenhöhle“, ein wahres Kleinod der Natur. Ausgesprochen sehenswert ist ebenfalls der Bambusbestand des botanischen Gartens Planbuisson.

Das Dorf **Cadouin** mit seinen alten Häusern und seiner Markthalle hat sich im Schatten seiner **Abtei** entwickelt. Diese wurde 1115 mitten in dem dichten Wald von Bessède von Robert d'Arbrissel auf Anregung von Géraud de Sales gegründet. Aber der Wohlstand dieser Abtei kam von einer wertvollen Reliquie, die aus Antiochia mitgebracht worden war und deren Spur man bereits 1117 in Cadouin findet: das **heilige Grabtuch**, das den Kopf Christi umgab.

In einem silbernen Reliquienschrein unter dem Gewölbe der Kirche aufgehängt, wurde es das Ziel zahlreicher **Wallfahrten**, das die einfachsten und die hochstehendsten Menschen versammelte. Soll es nicht den Besuch von Aliénor d'Aquitaine, von Richard Löwenherz, von Ludwig dem Heiligen, von Blanche de Castille und von Karl V. erhalten haben? Unter der Schutzherrschaft von Ludwig XI. wurde die Abtei renoviert und erhielt das wunderbare **gotische Kloster**, das man heute bewundern kann. Nachdem die Abtei zur Kommende wurde, nahm ihr geistiges Leben ab, aber sie blieb ein vielbesuchter Wallfahrtsort. **Rabelais** besuchte Cadouin auf einer Reise ins Périgord und sprach vom heiligen Grabtuch in seinem *„Gargantua“*. Während der Revolution wurden die letzten Mönche vertrieben. Im 19. Jh. beginnen die Wallfahrten jedoch erneut; wieder drängt sich die Menschenmenge, um an feierlichen Zeremonien teilzunehmen und der Handel mit Medaillen, Kreuzen und religiösen Bildern ist ertragreich. 1925 werden die ersten Zweifel an der Echtheit des Grabtuchs von seinen Ehrwürden, Vater Francez angemeldet. Eine 1932 von den religiösen Instanzen angeordnete Untersuchung beweist, dass dieses Tuch, auch wenn es aus dem Orient stammt, eine kufische Inschrift aus dem 11. Jh. trägt, die den Namen **Allahs** anruft. Das heilige Grabtuch von Cadouin war also eine **Fälschung**.

Die **romanische Kirche** wurde 1154 geweiht. Ihre breite, durch Strebepfei-

Oben

Cadouin lockt mit einem Kreuzgang und einer romanischen Fassade seiner alten Zisterzienserabtei.

ler dreifach unterteilte Fassade weist ein Portal mit dreifachem Bogenlauf auf, über der eine Reihe Blendbogen zu sehen sind. Ihre Strenge, charakteristisch für **Zisterzienser**-Kirchen, wird durch den schönen goldfarbenen Stein des Périgords sowie durch die Skulpturen der äußeren Säulen und der Sparrenköpfe der Gesimse gemildert.

In der Kirche: drei Kirchenschiffe mit Tonnengewölben, eine Kuppel auf Abhänglingen auf der Vierung und Halbkuppel-Chorkapellen. Obwohl es während der Religionskriege und der Revolution beschädigt wurde, ist das **Kloster** von Cadouin mit seinen reich verzierten Gewölben und Pfeilern ein **Meisterwerk der sakralen Kunst**. Die Bauarbeiten begannen im 15. Jh. mit Hilfe des Königs Ludwig XI. und wurden im 16. Jh. beendet. Die Westgalerie ist mit bemerkenswerten Renaissance-Skulpturen geschmückt. Mit den biblischen Themen (Hiob, Lazarus, Samson und Dalila) sind profane Themen vermischt (satirische und volkstümliche Themen, die an flämische Gemälde und Sagenbilder erinnern). Das Gewölbe zeigt ein Jüngstes Gericht, Abrahams Opfer, die Flucht nach Ägypten. Es besitzt ebenfalls Reste von Fresken aus dem 15. Jh. In der Nordgalerie befinden sich die in den Stein eingefügten Bänke der Mönche, der Stuhl des Lektors und der des Abtes. Über dem Stuhl des letzteren befinden sich auf beiden Seiten zwei skulptierte Säulen, die den Aufstieg zum Kalvarienberg und eine Prozession darstellen.

Oben
Der gotische Kreuzgang.
Unten
Ausschnitt des gotischen Kreuzgangs von Cadouin.

Zwischen Cadouin und Beaumont sollte man die winzige englische Bastide von **Molières**, die Wehrkirche von **Saint-Avit-Sénieur** (11. und 14. Jh., Museum) und das Dorf **Montferrand** (Museum) besichtigen.

Rechts
Die Kirche der Festungsanlage Molières.

Unten links und rechts
Die Wehrkirche von Saint-Avit-Senieur einer romanischen Abtei.

BEAUMONT-DU-PÉRIGORD

(29 km südöstlich von Bergerac)

Die 1272 gegründete **Bastide** von Beaumont herrscht heute friedfertig über eine etwas schläfrige Landschaft. Dabei war sie im Mittelalter eine der bedeutendsten Bastiden des Périgords. Der Seneschall von Guyenne, Lucas de Thaney, leitete ihre Errichtung für den König von England, Edward I., der sie seine „erste königliche Bastide" nannte und sie nicht – wie allgemein üblich – rechteckig bauen ließ, sondern in Form eines H, angeblich in Erinnerung an seinen Vater, Heinrich III. Sie wurde erst nach der Schlacht von Castillon (1453) völlig „von den Engländern befreit". Beaumont hat seinen ursprünglichen Charakter nicht so sehr wie Domme oder Monpazier bewahrt. Aber das Kleinod dieser Bastide ist unbestritten die **Kirche Saint-Front**, eine der schönsten **gotischen Wehrkirchen**. Sie ist gewaltig, streng und wurde von Anfang an als Wehrkirche geplant, da Beaumont im Gegensatz zu den meisten anderen Bastiden kein Schloss besaß. Die vier durch einen Wehrgang verbundenen Türme erinnern eher an Bergfriede als an Glockentürme. Dem skulptierten gotischen Portal mit dem darüber liegenden Balkon und dem Fries, auf dem Figuren dargestellt sind, fehlt es nicht an Eleganz.

In der Nähe von Beaumont kann man das **Langgrab von Le Blanc** sehen, das hübsche Schloss von **Bannes** und südlich von Bergerac die von Mauern umgebene Stadt **Issigeac**, die vom Bistum von Sarlat abhing sowie die schöne französische Bastide von **Eymet** (Museum im Schloss).

Rechts
Schloss Bannes in steinerner Pracht.

MONPAZIER

(50 km südöstlich von Sarlat)

Das hoch über dem Tal des Dropt gebaute **Monpazier** ist sicher die schönste und am besten erhaltene der englischen **Bastiden** des Périgords. Mit den Bastiden von Beaumont, Molières, Lalinde und Fonroque gehörte sie zum **englischen** Verteidigungssystem im Süden des Périgords. Noch heute weist Monpazier eine **schachbrettförmige Anordnung** von 400 x 220 m in Nordsüdrichtung auf und ist von einer Stadtmauer umgeben. Die sich rechtwinklig kreuzenden Straßen werden ihrerseits von einem Netz kleiner Gassen gekreuzt. Der **Hauptplatz**, Hof der Bastide, ist von Häusern mit **Arkaden** gesäumt.

Mit einer Urkunde vom 7. Januar 1284 beschloss **Edward I.**, König von England und Herzog von Aquitanien, die Gründung der Bastide von Monpazier. Die Gründung wurde von **Jean de Grailly**, Seneschall des Périgords, für den englischen König, Edward I., verwirklicht, der seine Bastide selbst 1286 besucht. Die Einwohner genießen zahlreiche Vorrechte: Steuerfreiheit, Abschaffung der Lehnsrechte. Trotzdem war die Gründung schwierig. Der König musste eine Geldstrafe von 10 Pfund für die Einwohner verordnen, die sich der Verpflichtung entzogen, ihr Haus zu bauen. Die Konsule, die für die Leitung der Stadt gewählt waren, hatten ebenfalls stark mit ihrem Nachbarn Aymeric de Biron, Herr von Montferrand, zu tun, weil sich einige seiner entflohenen Leibeigenen in die Bastide geflüchtet und dort ihre Freiheit erworben hatten, wie es die Charta verordnete. Im Laufe des Hun-

Oben und rechts

Der von Arkaden gesäumte Hauptplatz von Monpazier.

dertjährigen Krieges wechselte Monpazier mehrmals den Besitzer. Nach einem Jahrhundert Ruhe wurde das Land von den Religionskriegen verwüstet, und am 21. Juni 1574 wurde die Stadt durch Verrat vom hugenottischen Feldherrn **Geoffroy de Vivans** erobert. Monpazier war auch das Hauptquartier der „Croquants" (aufständischen Bauern), die dort am 22. Mai 1594 ihre Versammlung abhielten. Nach zahlreichen Angriffen auf Schlösser klangen die Unruhen 1597 ab. Eine neuer Aufstand im Jahre 1637 vereint **8.000** Croquants unter dem Befehl von **Buffarot**, einem Weber aus dem benachbarten Dorf Capdrot. Nach seiner Gefangennahme wurde Buffarot am 16. August 1637 auf dem Hauptplatz von Monpazier gevierteilt. Am 1. Juni 1879 wurde in Monpazier **Jean Galmot** geboren, der Journalist, Schriftsteller und Autor von zwei Bestsellern („*Quelle étrange histoire*" und „*Un mort vivait parmi nous*"), aber vor allem ein Abenteurer war. Sein Freund **Blaise Cendrars** widmete ihm sein Buch „*Rum*", in dem er Monpazier beschreibt als „eine kleine Insel aus Steinen, aus sehr alten Steinen... geometrisch wie eine amerikanische Stadt".

Monpazier hat seinen gotischen Charakter vollständig bewahrt. Noch heute finden die Märkte am von der Charta festgesetzten Tag statt. Der Hauptplatz hat sein mittelalterliches Aussehen behalten. Er ist von Arkaden umgeben, die auch „**Cornières**" oder „**Couverts**" genannt werden, weil sie eine überdachte Galerie bilden. Die ihn umgebenden Häuser haben alle die gleiche Größe: 8 m Fassade, 20 m Tiefe und sind durch Gässchen oder Durchgänge voneinander getrennt, die als Brandschutz oder als „Müllschlucker" dienten. Die **Markthallen** (16. Jh.) auf dem Platz haben ihre alten Kornmaße bewahrt. In einer Ecke des Platzes befindet sich der Brunnen. Von der Stadtmauer stehen noch **drei** der sechs **befestigten Tore**: eins im Süden und zwei im Norden. Die letzteren tragen Rundtürme. Im Osten sieht man ein Ausfalltor: „das Paradies-Tor". Nahe an der Kirche steht das Kapitelhaus (13.-14. Jh.), eine ehemalige Zehnte-Scheuer, dessen drei Stockwerke doppelte Fensteröffnungen aufweisen. Die Fassade der im 13. und 14. Jh. erbauten **gotischen Kirche** wurde 1550 erneuert. Das schöne Chorgestühl von 1492 zeigt Skulpturen bizarrer oder grotesker Figuren. Das Schloss von Saint-Germain in Gaugeac steht Besuchern offen.

Unten
Ein Eingang zur englischen Festungsanlage Monpazier, die auf Geheiß von König Eduard I. entstand.

Auf dieser Seite
Mehrere Jahrhunderte beanspruchte der Bau des imposanten Schlosses Biron.

BIRON

(58 km südöstlich von Sarlat)
7 km südwestlich von der herrlichen Bastide Monpazier, an der Grenze zwischen dem Périgord und dem Gebiet von Agen, steht das **größte** Schloss des Départements. Die enorme Masse dieser **Freigrafschaft** des Périgords wacht in einem Umkreis von 30 km über die Region. Das Lehen blieb, was ein seltenes, wenn nicht einmaliges Beispiel ist, achtzig Generationen lang im Besitz der Familie der de Gontaut, bzw. vom 12. Jh. bis 1938. Diese Fortbestand erlaubte, eine in ihrer Verschiedenheit harmonische Baueinheit zu schaffen, der Stilvermischung und den Wechselfällen der Geschichte zum Trotz. 1189 vermählt Gaston de Gontaut seine Tochter Raymonde mit dem **Katharer Martin d'Algaïs**, Herr von Bigaroque, Seneschall von Gascogne und Périgord für den englischen König. Da der Kreuzzug den Südwesten mit Feuer und Schwert verwüstet hat, schließen sich die katharischen Streitkräfte 1211 in Biron ein. Simon de Montfort belagert sie. Indem er allen den freien Abzug gewährt, erreicht er, dass man ihm Martin d'Algaïs ausliefert, der hinter einem Pferd hergeschleift und dann gehängt wird.

Das Geschlecht der berühmten Familie der de Gontaut wurde nicht von den Religionskriegen unterbrochen. Sie blieb katholisch, auch wenn sie die Königin von Navarra und den Prinzen von Condé empfing. **Armand de Gontaut-Biron**, Waffengefährte von Heinrich IV., Marschall von Frankreich im Jahre 1576, kämpfte in Evry und in Arques, bevor er während der Belagerung von Epernay 1592 getötet wurde. Brantôme, der sich mit Soldaten auskannte, hatte ihm den Beinamen „der größte Feldherr Frankreichs" gegeben.

Sein Sohn, **Charles de Gontaut** (1562-1602) hatte sein ungestümes Temperament geerbt. Heinrich IV., der ihn sehr gern hatte, nannte ihn „das schärfste Instrument seiner Siege". Der König überhäufte den jungen Mann mit Ehrerweisungen, machte ihn zum Admiral, 1595 zum Marschall von Frankreich und zum Generalleutnant der Armeen, 1598 zum Herzog und

Pair von Frankreich sowie zum Gouverneur von Burgund. Aber sein Ehrgeiz war sein Untergang. Mit dem Herzog von Savoyen und dem spanischen Gouverneur von Mailand komplottierte er eine Aufteilung des Landes, die ihm Aquitanien überlassen sollte. Der König vergab ihm. Er konspirierte erneut und stiftete Unruhen an. Der König hätte ihm nochmals gegen volle Geständnisse vergeben, aber Charles weigerte sich. Er wurde am 31. Juli 1602 in der Bastille enthauptet. Der König trennte sich nicht ohne Bedauern von dem, der es – nach seinen eigenen Worten – „einfach nicht lassen konnte, schlecht über andere zu reden und gut zu handeln, wenn er den Hintern im Sattel und das Schwert in der Hand hatte“.

Biron, das seit 1978 Eigentum des Départements der Dordogne ist, kann **besichtigt** werden. Sie werden bei der Besichtigung nicht ein Schloss, sondern eine Gruppe von Schlössern aus verschiedenen Epochen zu sehen bekommen, die ebenso schwer für das Auge wie für den Verstand begreiflich ist. Keine Beschreibung kann das Bild dieses Durcheinanders von Baustilen und Skulpturen genau wiedergeben. Jean Secret unterscheidet drei Baueinheiten. Man betritt das Schloss durch einen rechteckigen Turm, dessen Fundament aus dem 13. Jh. stammt, der aber im 15. und 16. Jh. umgebaut wurde. Die kleine Burg, die ein verziertes Tor und Dachfenster aufweist, führt auf einen ersten Hof. Eine an den Eingangsturm angrenzende Renaissance-**Loggia** bringt uns zur **Stiftskapelle**, dem schönsten „Raum“ des Schlosses. Sie ist über zwei Stockwerke gebaut und besitzt zwei übereinanderliegende Hauptschiffe. Das Erdgeschoss geht auf das Dorf hinaus und dient als Pfarrkirche. Der erste Stock, der auf das Schloss hinausgeht, ist die herrschaftliche Kapelle. Sie hat Spitzbogengewölbe, verbindet auf harmonische Weise den Stil der Spätgotik und der Renaissance und enthält die reich skulptierten Grüfte mit den **liegenden Figuren** der Erbauer der Kapelle und der Instandsetzer des Schlosses: Pons de Gontaut, gestorben 1524 und sein Bruder Armand, Bischof von Sarlat, gestorben 1531.

Im Norden dieses unteren Hofes isoliert, steht ein kleines **Herrenhaus** aus dem 14. Jh., dessen Gewölbe mit Fresken aus dem 16. Jh. verziert sind. Es war das Steueramt, in dem die Bauern den „Zehnten“ bezahlten. Diesem Gebäude symmetrisch gegenüber steht ein aus der gleichen Epoche stammender runder Turm, der Turm Saint-Pierre.

Wenn man eine Treppe aus dem „Großen Jahrhundert“ hinaufgeht und ein Renaissance-Portal durchschreitet, kommt man auf den **Schlosshof**. Der sehr alte **Bergfried** (12. Jh.) drängt seine Anwesenheit auf, während eine Gebäudeeinheit aus der Renaissance und dem „Großen Jahrhundert“, darunter der am Anfang des 17. Jh. vom Marschall von Biron erbaute Saal der Generalstände, den Besucher mit ihrer Masse etwas erdrückt. Hinten im Hof erlaubt ein **Umgang** mit schlanken Säulen (17. Jh.) einen schönen Blick auf die ländliche Umgebung. Die Besichtigung endet mit dem Pavillon der Marschälle und mit einem Besuch in den riesigen Küchen des Schlosses. Im Sommer finden im Schloss Ausstellungen der bildenden Künste statt. Es diente als Kulisse für zahlreiche Filme. Auf der Rückfahrt nach Sarlat sollte man die Bastide von **Villefranche-du-Périgord** besichtigen (Museum des Pilzes und der Kastanie) sowie die romanische Kirche von **Besse** mit skulptiertem Portal.

Oben
Kastanienmarkt in der Festungsanlage Villefranche-du-Périgord.

Das weiße Périgord

Mitten im Département begrenzt das Tal der Isle ein recht stark urbanisiertes Gebiet mit Périgueux, der zweitausend Jahre alten Hauptstadt, in seiner Mitte. Dies ist das Weiße Périgord, ein altes Land, dem die Römer ihren Stempel aufgedrückt haben. Man muss es verstehen, die Städte und Hauptstraßen zu verlassen, um seinen ganzen Charme zu genießen.

HAUTEFORT

(30 km nördlich von Montignac)

Das **Schloss** Hautefort ist schon von weitem zu sehen. Sein Stil des „Grand Siècle" ist in unseren Region etwas überraschend. Es liegt auf einem Hügel und vereint die stolze Lage der Festungen des Mittelalters mit der perfekten Ausgeglichenheit der Gebäude des 17. Jh.

Nach Überschreiten der Zugbrücke gelangt man durch eine kleine, von zwei Warttürmen flankierte Burg

Linke Seite

Die Stadt Périgueux an den Ufern der Isle und die Kathedrale Saint-Front.

Unten

Schloss Hautefort, das Versailles des Périgord.

(1588) in das Schloss. Man entdeckt ein großes Hauptgebäude, dem zwei Flügel vorausgehen, die in zwei runden **Türmen** mit **Glockentürmchen** enden. Der Hauptteil, von zwei kuppelgedeckten Pavillons flankiert, wird von zwei weiteren Pavillons aus dem 18. Jh. eingefasst. Die perfekte **Symmetrie** der Einheit wird durch das harmonische und schön ausgeglichene Schieferdach verstärkt. Eine Ehrentreppe verbindet den ersten Stock mit dem Erdgeschoss, der eine schöne Galerie mit Arkaden in Henkelform aufweist. Das Schloss besitzt viele schöne **Möbel**. Im Westturm mit feinem Zimmerwerk lassen sich handwerkliche Gegenstände und eine Erinnerung an die Werke von **Eugène Le Roy** entdecken, der 1836 im Schloss geboren wurde. Aber der schönste Schatz von Hautefort ist vielleicht sein 30 ha großer **Park** mit seinen verschiedenen Baumarten und seinen **französischen Gärten**, in denen sich Blumenbeete, Buchsbaumhecken und von Tuyas bedeckte Alleen vermischen. Es ist sehr angenehm, durch diese Gärten zu gehen und nach Spuren der bedeutenden Persönlichkeiten zu suchen, die an diesem Ort gelebt haben.

Bertran de Born (1150-1214) ist mit seinem Zeitgenossen, Bernard de Ventadour, der berühmteste **Troubadour** der Langue d'Oc. Gewiss, er hat die Frau und das Leben an herrschaftlichen Höfen besungen, aber stellen wir ihn uns nicht mit verliebtem Auge vor. Wenn er auch wie jeder gute Troubadour von Schloss zu Schloss reiste, dann geschah das doch mit dem Ziel, sie zu erstürmen, denn Bertran de Born ist vor allem ein hervorragender Soldat, ein „**Anstifter von Zwietracht**". Die Äußerung Dantes, der den Dichter in die Hölle der „Göttlichen Komödie" stürzt, kennzeichnet ihn vortrefflich. Nachdem er seinen Bruder um dessen Erbteil gebracht hat, mischt er sich in die Streitigkeiten der Plantagenêts ein. Sein Schloss wird fünfmal belagert. Als Gegner von Richard Löwenherz veran-

Linke Seite oben
Eingangspforte zu Schloss Hautefort.

Linke Seite unten und rechts unten
Aus der klotzigen Burg Hautefort wurde ein ansehnliches Schloss mit Ziergarten.

lasst er dessen Bruder Heinrich, sich gegen seinen Vater, Heinrich II., König von England, aufzulehnen. Seine Hoffnungen werden mit dem plötzlichen Tod von Richards Bruder nichtig. Von einem fieberhaften Leben zermürbt, zieht sich Bertran de Born 1196 in die benachbarte **Abtei von Le Dalon** zurück, wo er um 1214 stirbt. In Sainte-Trie stehen noch die Ruinen der Abtei von Le Dalon, die mit Cluny die größte Kirche der Christenheit war.

Der 1610 geborene Marquis **Jacques-François**, der sich in der Schlacht von Rocroi (1643) auszeichnete, verlieh Hautefort sein heutiges Aussehen. Er wurde für geizig gehalten, und Molière machte ihn, so heißt es, zum Modell für seinen **Harpagon**. Die Marquise de Sévigné erzählt seinen Tod im Jahre 1680 so: Er hat niemals eine englische Arznei einnehmen wollen, die nach seinen Worten zu teuer war. Man sagte ihm: „Monsieur, sie kostet Euch nur vierzig Pistolen". Er antwortet mit seinem letzten Atemzug: „Das ist zuviel".

Seine Schwester, **Marie de Hautefort** (1616-1691) hatte ein ungewöhnliches Schicksal. Sie wurde im Schloss geboren und war 1628 bereits Ehrendame von Marie de Médicis. König **Ludwig XIII**. und der ganz Hof bemerkte sie schnell. Ihre Schönheit und ihre Reize erweckten in gleichem Maße wie ihre Bescheidenheit, ihre Gottesfurcht oder ihre Tugend eine wahre Leidenschaft, an der **Anne** d'**Autriche** keinerlei Anstoß nahm, denn würde dieses junge blonde Mädchen des Périgords, die man auf Grund ihrer Schönheit **Aurora** nannte, nicht endlich die Sinne ihres königlichen Gemahls wecken? Sie täuschte sich. Die Verbindung von Ludwig und Marie war und blieb platonisch. **Richelieu** versuchte, sie in seine Spionin bei der Königin zu verwandeln. Sie lehnte ab, was sie zu einer Feindin des Kardinals machte, dem es schließlich gelang, den König von seiner Favoritin zu lösen, indem er ihm eine neue Mätresse, Mlle de La Fayette, „lieferte". Marie verstand es, das Ende dieser Idylle abzuwarten, um das Herz des Königs erneut zu erobern. Es gelang ihr, aber nur für kurze Dauer. Auf Betreiben des Kardinals und wohl der Launen und der hochmütigen Vorwürfe Maries überdrüssig, schickte Ludwig XIII. diese ins Exil. Sie kehrte erst nach dem Tod des Kardinals und des Königs im Jahre 1643 nach Paris zurück. Nachdem sie mit 27 Jahren erneut der Liebling des Hofes geworden war, erlaubte sie sich, die vorteilhaftesten Heiratsanträge zurückzuweisen.

Sie fiel schließlich auf Grund ihrer ständigen Intrigen bei der Königin in Ungnade und wurde erneut verabschiedet. Sie zog sich 1644 in ein Klos-

Oben
Das von Marquis Jacques-François errichtete Hospiz von Hautefort beherbergt heute ein Heilkundemuseum.

ter zurück, um es zwei Jahre später wieder zu verlassen und mit 30 Jahren den Marschall von Schomberg, Herzog von Halluin, zu heiraten. Mit 40 Jahren war sie Witwe und widmete sich von da an Wohltätigkeitswerken. Die, die ihre Zeitgenossen die „**Mutter der Armen**" nannten, starb im Alter von 75 Jahren, im Geruch der Heiligkeit stehend. Im Dorf wurde im schönen Hospiz aus dem 17. Jh., das zur selben Zeit entstand wie das Schloss, ein Museum eingerichtet, das sich der Medizin widmet.

Rechts und unten
Ein ausgewogenes Gebilde: die französischen Ziergärten von Schloss Hautefort.

Oben
Zugang zur Burg von Excideuil.

Im Westen von Hautefort ist **Tourtoirac** zu besichtigen (romanische Abtei, Lapidarium, Tropfsteinhöhle), das voller Erinnerungen an Antoine de Tounens, König von Patagonien und Araukanien ist (in Chourgnac d'Ans kann man sein Geburtshaus besichtigen; das Museum von Tourtoirac ist ihm gewidmet), sowie die kleine Stadt **Excideuil** (Burg, Kirche).

Im Norden liegt an der Avézère die **Schmiede** von **Savignac-Lédrier** (zu besichtigen), eine Erinnerung an eine Epoche, in der das Périgord 10 % des Eisens des Königreichs produzierte. Weiter oben steht das Renaissance-Schloss des Schmiedemeisters. Im Süden von Hautefort kann man das Schloss von **Badefols d'Ans** (14., 15. Jh.) und die Ruinen der legendären Festung von **Muratel** sehen.

PÉRIGUEUX

In Périgueux, Sitz der Präfektur der Dordogne und mit 80.000 Einwohnern (des gesamten Ballungsraums) größte Stadt des Départements, sind mehrere Industrieunternehmen angesiedelt. Man kann die in Frankreich einmalige Brief- und Steuermarkenfabrik erwähnen. Die auf kultureller Ebene sehr aktive Stadt bietet den Besuchern das ganze Jahr lang Ausstellungen, Konzerte, Theateraufführungen und – im Sommer – das internationale Pantomimenfestival Mimos.

Auf dem Weg des galloromanischen Altertums und des frühen Mittelalters

Vésone und seine Stadt

Unsere Besichtigung braucht fast unbedingt an der Kirche der Stadt zu beginnen. Man geht durch die Rue Romaine zum **Turm von Vésone** hinunter. Wenn man dem Turm gegenübersteht, sollte man zunächst den Hintergrund betrachten, den die Hügel der Boissière und von **Ecornebeuf** bilden: nach der Überlieferung soll hier Hauptstadt der Pétrocoren entstanden sein. Das gewaltige Gebäude, das wir vor Augen haben (fast 30 Meter hoch und ein Außendurchmesser von 20 Metern), ist in Wirklichkeit nur der heiligste Teil (cella) eines sehr viel größeren Tempels. Die auf beiden Seiten mit kubischen Bruchsteinen angelegte Umwallung schmückt sich mit Ziegelreihen, unter denen man Hohlräume entdeckt, in die sich die Balken einfügten, die das Peristyl trugen. Die einige Schritte weiter noch sichtbaren Außenwände waren auf ihrer großen Seite 140 m lang, was die Größe des wahrscheinlich im 1. Jh. errichteten und mehrmals umgebauten Gebäudes beweist. Dort, wo sich die **Domus von Vésone** befand, entstand ein von Jean Nouvel entworfenes riesiges Museum. Auf 4.000 m^2 Ausstellungsfläche zeigt es den Bau einer gallisch-römischen Villa aus dem 1. Jh. mit Atrium, Hypokaustum, usw. Vor Ort wurden wunderschöne Wandmalereien zu Tage befördert.

Setzt man die Besichtigung fort, kommt man nach dem Verwaltungsviertels (dessen Hauptgebäude das im

Oben
Die Ruinen des Turms Vésone von Périgueux gehen auf einen Tempel aus gallisch-römischer Zeit zurück.

Unten
Sammlungen des Museums Vesuna in Périgueux.

18. Jh. erbaute Priesterseminar ist) und der Eisenbahnbrücke zu einer monumentalen Mauer. Zunächst am **Schloss Barrière** vorbei bis zum romanischen Tor (**Normannisches Tor** genannt) gehen, an dessen Fuß ein unentwirrbares Durcheinander von Säulenschäften, Kapitellen und skulptierten Blöcken den Besucher vielleicht einen Moment an die Sage einer in aller Eile im 3. Jh. errichteten Umwallung glauben lässt, als der Galopp der Pferde des allemanischen Eindringlings ertönte. Aber wenn er um dieses Chaos herum geht und die andere

Auf dieser Seite

Périgueux:

– Das normannische Stadttor Porte Normande.

– Ruinen aus gallisch-römischer Zeit.

– Festung Barrière.

Seite der Mauer betrachtet, beweist ihm die ebenso gleichmäßige wie starke Anlage, dass diese Einheit offensichtlich das Ergebnis eines von höherer Stelle angeordneten und gut durchdachten Projektes war. Auf den romanischen Fundamenten wurden im Mittelalter das romanische Haus (links) und der Bergfried des Schlosses Barrière erbaut. Das letztere war Besitz jener Familien der lokalen Aristokratie, die nach dem 5. Jh. mit dem Gefolge des Bischofs die in ihren Mauern eingeschlossene **christliche Stadt** leiteten.

Das einfache Volk des umliegenden flachen Landes fand dort Schutz, wenn eine Invasion drohte. Wenn man über die Brücke zurückgeht, sollte man den kleinen Schlosspark betreten, der verschiedene Bauten aufweist, die von der klassischen Epoche des Mittelalters (Bergfried aus dem 13. Jh.) bis zur Renaissance (Vieleckturm aus dem 16. Jh.) einzustufen sind. Das schöne **Tor** im **Flamboyant-Stil** verdient besondere Aufmerksamkeit.

Rechts

Eingangspforte zur Festung Barrière in Périgueux.

Welche Bedeutung hatte Vesunna in seiner Blütezeit? Man neigt oft dazu, diese an der Größe der öffentlichen Gebäude zu messen. Den größten Eindruck machen diesbezüglich die von den Einwohnern des Périgords „**Arenen**“ genannten Anlagen: das **Amphitheater** aus dem 1. Jh. Es hat eine stattliche Größe (man schätzt, dass es mehr als 20.000 Personen aufnehmen konnte) und wurde nach dem Modell des Kolosseums in Rom gebaut. Das Amphitheater, zunächst Hauptteil der Mauer des 3. Jh., wurde vor allem von den Grafen von Périgord in eine Festung verwandelt (das Schloss von La Rolphie), die sich in der Zeit des Hundertjährigen Krieges in Räuberbarone verwandelt hatten und keiner Nieder-

trächtigkeit abgeneigt waren. Das Amphitheater überlebte das Ende dieser recht erbärmlichen Schufte nicht, von denen sich der berühmteste, Archambaud, den Engländern verschrieben hatte. Deshalb wurde die Festung auf königlichen Befehl am Ende des 14. Jh. zum größten Teil niedergerissen.

Die Besichtigung der **Altstadt** endet an ihrer **Kirche**. Niemand beschrieb die schlichte Eleganz ihrer Kuppeln, Reste eines ursprünglichen Gebäudes, das bis zu den Religionskriegen vier Kuppeln zählte, besser als Jean Secret. Und die beiden verbleibenden Kuppeln, eine vom Ende des 11. und die andere aus der Mitte des 12. Jh., beweisen, wie gut es das Périgord verstand, sich in diesem Teil der Baukunst auszuzeichnen, die Schwerkraft zu besiegen und dank der immer schlankeren Abhänglinge die berühmte Quadratur des Kreises zu lösen: der rechteckige Grundriss und die hohe Kuppel machen die Kirche zu einem Symbol für den Übergang von der Erde zum Himmel und gleichzeitig zu einem bevorrechtigten Ort des Heils.

Rechts
In der malerischen Altstadt von Périgueux.

Linke Seite
Die Kirche La Cité im historischen Zentrum von Périgueux.

Le Puy-Saint-Front

Wenn man die Altstadt verlässt, braucht man nur um das Gebäude zu gehen, um den **Turm Mataguerre** zu erblicken, an dessen Fuß die Besichtigung des zweiten Kerns beginnt, um den sich die Stadt entwickelt hat: Le Puy-Saint-Front.

Der aus dem 14. Jh. stammende Turm Mataguerre erscheint wie der einzige bedeutende Rest der umfangreichen Stadtmauer, die Le Puy-Saint-Front seit dem 12. Jh. umgab.

Der Name „**Puy-Saint-Front**" bezeichnet nämlich den Marktflecken, der um den über den Isle blickenden Hügel entstand, in dem sich angeblich das Grab des Apostels des Périgords befand. Wahrscheinlich wurde die Tätigkeit hier erneut in Verbindung mit dem Wiederaufleben des Handels im 11. Jh. und der Entwicklung der Wallfahrten (Le Puy-Saint-Front wurde eine bedeutende Etappe auf dem Weg nach Compostelle) angeregt. Die Einwohner dieses Handelsstädtchens, die Bürger von Saint-Front, bekamen schnell Streit mit der weltlichen oder geistlichen Aristokratie der Altstadt, deren Vormundschaft sie natürlich schwer ertrugen. Am Ende des 13. Jh. setzte Ludwig IX. diesen Streitigkeiten,

Oben

Einziger Überrest in Périgueux des um den Stadtteil Puy-Saint-Front führenden ehemaligen Festungswalls ist der Turm Mataguerre.

Mitte

Die Kathedrale Saint-Front.

Unten

Kreuzgang der Kathedrale Saint-Front.

deren Schauplatz oft der Place Francheville (genannt Platz Zwischen-zwei-Städten) ein Ende, indem er die beiden rivalisierenden Städte vereinte. Bis zum 14. Jh. kannte der Marktflecken eine bemerkenswerte Blütezeit. Man braucht nur die Gässchen, die wie die Rue des Farges zur Kathedrale führen, als Rahmen zu wählen, um sich das tägliche Leben in einer Stadt mit sehr großer Bevölkerungsdichte vorzustellen; nicht weniger als 2.400 Familien, bzw. mehr als 10.000 Einwohner auf einem Raum, der ein Sechstel der heutigen Fläche der Stadt darstellt.

Vom **Platz Hoche** aus kann der Besucher seinen Spaziergang durch das Mittelalter auf der **Rue du Calvaire** fortsetzen, in der er unter anderem hinter einem mit Nägeln beschlagenen Portal das **Haus des Viguier** (12. Jh.), heute die Schule Saint-Front, bewundern kann. Er kommt dann zum **Place de la Clautre** und zu dem umstrittensten Monument der ganzen Region: die **Kathedrale Saint-Front**. Eine oder mehrere Kathedralen, denn der Gebäudeteil, den man erblickt, wenn man von der Rue du Calvaire kommt, weist eine doppelte Eigentümlichkeit auf: zunächst die, der älteste Teil zu sein, dessen Bau am Ende des 10. Jh. zur Zeit des Bischofs Frotaire begann und für dessen Fassade Elemente antiken oder merowingischen Ursprungs wiederverwendet wurden. Diese nicht überdachte Einheit bildet heute vor einem **Glockenturm**, dem man sie anschließen muss, einen offenen Hof, wo alles darauf hinweist, dass man den Bau einer Kuppel beabsichtigt hatte. Der Glockenturm aus dem 12. Jh. ist auf seiner ganzen Höhe von 60 Metern ebenfalls so geblieben, wie er gebaut wurde. Ganz anders steht es mit der zweiten Kirche, der eigentlichen Kirche. Man entdeckt ein Gebäude mit kreuzförmigem Grundriss, das das Werk dessen ist, was man wohl den Wiederaufbau des 19. Jh. nennen muss.

Im Gebäude kann man die relative Strenge der Einheit vergessen, indem man die reinen Linien der doppelten Kuppeln bewundert sowie das schöne Altarblatt zu Ehren der Jungfrau Maria, das ihre Himmelfahrt darstellt. Man kann ebenfalls nach einer **Besichtigung** des Klosters fragen, durch das in der Ferienzeit Führungen organisiert werden.

Oben
Markt am Fuße der Kathedrale Saint-Front.

Oben
Périgueux an den Ufern der Isle.

Unten
Die „alte Mühle" von Périgueux.

In der Rue Saint-Front bemerkt man ein sonderbares Gebäude aus dem 19. Jh., dessen Fassade mit Symbolen skulptiert ist: es handelt sich um die **Freimaurerloge**, die eine der schönsten Frankreichs ist.

Von der Kathedrale aus muss man zum Fluss gehen. Links lässt die vor kurzem restaurierte **Mühle des Kapitels** den Verlauf des ehemaligen Mühlbachs erkennen, der an der Brücke Tournepiche – heute Brücke der Barris – begann. Wenn man über die Brücke geht, erblickt man zwei schöne Herrenhäuser, die das im Périgord traditionell „**Haus der Konsule**" genannte Gebäude bilden, jedoch nichts mit den städtischen Einrichtungen zu tun haben. Das **Haus Cayla** erinnert an die Herrenhäuser der Rue Aubergerie, weil es deren archaische mittelalterliche Strukturen aufweist, die durch den Flamboyant-Stil in der Lukarnenverzierung gemildert werden. Dagegen versetzt uns der etwas febrile Charme der kleinen Säulen des **Hauses Lambert** wieder in die Zeit Franz I. und seiner Italienfeldzüge zurück.

Man überquert dann die Straße und biegt nach einigen Schritten in die **Rue**

du Port-de-Graule ein. Man sollte am Anfang dieser Straße, altes Zeugnis des populären Stils des Périgords, kurz stehen bleiben, um die Perspektive zu betrachten. Am Ende der Straße bietet eine Folge kleiner Gassen ein unbestreitbares Interesse. Über eine Treppe gelangt man wieder zur **Avenue Daumesnil** und, wenn man sofort links abbiegt, in die **Rue du Plantier**. Von dort aus geht man die **Rue Notre-Dame**, die **Rue des Francs-Maçons**, die **Rue de la Constitution** und schließlich die **Rue de la Nation** hinunter. Aber man en deckt sicher im Zentrum von Le Puy-Saint-Front, das um die **Rue Limogeanne** liegt, die schönsten Verwirklichungen, die seit zehn Jahren durchgeführt worden sind, um der Stadt ihren Charakter wiederzugeben. Am besten folgt man der **Rue de la Clarté**, in der man rechts ein schönes Haus aus dem 18. Jh. bemerkt, in dem der Mann geboren wurde, der auf Grund seiner denkwürdigen Antwort berühmt geblieben ist, nämlich der General Daumesnil. Von dort aus folgt man der **Rue Salinière** und dann der **Rue du Serment**, die zum **Place de l'Hôtel-de-Ville** führt, auf dem der Rivale von Voltaire, **Lagrange-Chancel**, wohnte, dessen Epigramme gegen den Dauphin im Zeitalter der Aufklärung berühmt waren. Auf diesem Platz bietet ein **Herrenhaus des 15. Jh.** mit der Nr. 7 dem Besucher die Anmut seines polygonalen Treppenturms. Man kommt so in die Hauptgeschäftsstraße, die mit Stimmengewirr **erfüllte Rue Limogeanne**. Sie weist eine Reihe schöner Herrenhäuser auf, deren Meisterstück das **Haus Estignard** ist, zu dem man am besten durch das Gässchen rechts gelangt, das zu zwei reizenden kleinen Plätzen in einem stark an Italien erinnernden Stil und dann zur **Rue de la Miséricorde** führt. Von hier aus hat man einen ausgezeichneten Blick auf das **Haus Estignard**, dessen Lukarnen mit Fensterkreuz von steinernen Windhunden bewacht werden.

Wir beenden unseren Rundgang mit zwei Museen. Das **Museum des Périgords** an den Tourny-Alleen besitzt **bemerkenswerte** prähistorische **Sammlungen** und eine große Abteilung, die den galloromanischen Antiquitäten des Périgords gewidmet ist. In der Rue des Forges befindet sich das Militärmuseum.

Links
Die Statue von Montaigne.

Rechts
Römische Mosaike in Périgueux.

Oben
Die Abtei Chancelade übte im 17. Jh. einen großen Einfluss aus.

Unten
In der kleinen Gemeinde Château-l'Évêque erhielt St. Vincent de Paul im Jahre 1600 die Priesterweihe.

Oberhalb von Périgueux kann man am Isle das Schloss der **Bories** (16. Jh.) besichtigen und an der Auvézère die Festungsanlage von **Auberoche**, die während des Hundertjährigen Krieges zerstört wurde.

Chancelade und das Tal des Isle

Im Norden von Périgueux kann man die romanische Abtei von **Chancelade** besichtigen, die 1125 vom Einsiedler Foucault gegründet wurde. Sie wurde im 17. Jh. vom Seligen **Alain de Solminhac** wiederaufgebaut.

Die Klosterkirche, die Klostergebäude, das Wohngebäude des Abtes und die Kapelle Saint-Jean bilden eine sehr interessante Einheit. In einigen Kilometern Entfernung sollte man die in ihrem kleinen Tal isolierte Priorei von **Merlande besichtigen**. Ihre Wehrkapelle besitzt bemerkenswerte romanische Skulpturen. Das weiter nördlich gelegene Schloss von **Château-l'Evêque** diente als Residenz der Bischöfe von Périgueux. **St Vincent de Paul** wurde dort zum Priester geweiht.

Wenn man das Isle-Tal hinunterfährt, entdeckt man westlich von Périgueux die Wehrkirche von **Saint-Astier** (Besichtigung der Krypta, des Glockenturms und von Schloss Puyferrat) und mehrere Schlösser, die ebenfalls besichtigt werden können: das von **Neuvic**, Renaissance, besitzt einen schönen Park, das von **Frateaux** einen unterirdischen Gang und ein Töpferei-Museum. Die weiter südlich gelegene Festung von **Grignols** (12.-16. Jh.), die Talleyrand gehörte, ist wieder möbliert worden. In Issac kann man das Schloss von **Montréal** (16. Jh.) sehen, das seinen Namen der Stadt des Quebecs gegeben hat. In der Kapelle sieht man liegende Figuren, die Statuen der 12 Apostel und ein Reliquiar, das man auf dem Leichnam von Lord Talbot am Abend der Schlacht von Castillon fand. In **Mussidan** befindet sich das Museum für Volkskunst und -traditionen.

Oben

Die Burg von Grignols gehörte zu den Besitztümern der über das Périgord herrschenden Grafenfamilie Talleyrand.

Unten

Das Renaissance-Schloss von Neuvic.

Das grüne Périgord

Der Norden des Départements, das Grüne Périgord genannt, steht unter einem doppelten Einfluss. Die östliche Hälfte um Hautefort, Thiviers und Jumilhac erinnert an das Limousin. Der westliche Teil zwischen Brantôme und Ribérac ist völlig dem Angoumois zugewendet. Notron, die Hauptstadt, liegt in der goldenen Mitte. Mit den Tälern von Bandiat-Tardoire und insbesondere mit der von den Flüssen Côle und Drome gebildeten Achse bildet das grüne Périgord ein herrliches touristisches Kleinod, das leider noch zu oft verkannt wird.

Linke Seite
Das malerische Dorf Bourdeilles.

Unten
Das Schloss von Jumilhac, das laut Gustave Doré die „romantischsten Dächer Frankreichs" besitzt.

JUMILHAC-LE-GRAND

(49 km östlich von Nontron)

An der nördlichen Grenze des Grünen Périgords, an der Schwelle des Limousins, ragt in einem hügeligen grünen Rahmen das **Schloss von Jumilhac** auf seiner Felswand hoch über das Wasser des Isle, der hier noch ein tief in Klammen fließender Wildbach ist. 1579 heiratete ein reicher Bauer und Schmiedemeister, **Antoine Chapelle**, die Erbin der Domäne. Der durch den Eisenhandel reich gewordene Antoine Chapelle konnte die Feldzüge des späteren Heinrich IV. finanzieren, der ihn zum Dank in seinem Schloss von Jumilhac besuchte und ihn 1597 in den Adelsstand erhob.

Dieser neue Adelige ließ darauf am Standort der Festung aus dem 13. und

14. Jh. das heutige Schloss im gotischen Stil bauen, etwas reaktionär für eine Epoche, die etwas „luftigere" Gebäude vorzog. Das zu **besichtigende** Schloss besitzt eine märchenhafte, mit Türmen und Dächern versehene Silhouette. Der Wohnsitz aus rötlichen Kristallschiefer scheint ohne sichtbaren Plan eher zur Verzierung als für Wohnkomfort gebaut worden zu sein. Das Hauptgebäude mit Renaissance-Fenstern trägt vorkragende Türmchen. Die **Dächer**, von Gustave Doré als die „**romantischsten** von Frankreich" bezeichnet, gruppieren ihre Warttürme und ihre Kamine um den „Chapeau du marquis", der ein hohes Türmchen bedeckt. Die bleiernen Pfettenähre stellen Vögel, Engel, verschiedene Figuren und Krauskohlköpfe dar. In einem Raum am Eingang wird die Geschichte von Jumilhac erklärt. Man zeigt im zweiten Stock einen kleinen Raum mit Rundbogengewölbe, dessen Wände mit naiven Fresken verziert sind und der mit einem Bett und einem Spinnrad möbliert ist. Die Tür ist mit einem **Porträt** geschmückt, das unter dem Namen „**Die Spinnerin**" bekannt ist. Es wurde von einem anonymen Maler angefertigt und stellt Louise d'Hautefort dar, die zwanzig Jahre lang von ihrem Gemahl Antoine II. de Jumilhac, Sohn von Antoine Chapelle, im Schloss eingeschlossen gehalten wurde. Der Gestaltung des Schlossparks lagen die Themen Gold und Alchemie zugrunde. Im Dorf befindet sich das **Museum des Goldes** (Bergwerk in Les Fouilloux).

NONTRON und MAREUIL

Von Osten bis Westen fehlt es dem südlichen Saum des Périgords nicht an Sehenswürdigkeiten. **Nontron** besitzt ein Museum der Puppen und Spiele vergangener Zeiten. In **Teyjat** kann man die Zufluchtsstätte Mège und die **Grotte des Rathauses** (magdalenische Ritzzeichnungen) besichtigen. In **Varaignes**, das für seinen Truthahnmarkt bekannt ist, birgt das Schloss (13.-16. Jh.) das Museum der Bandiat-Tardoire-Täler (Landleben). Im äußersten Norden kann man die Kirche von **Bussière-Badil** mit bemerkenswerten Skulpturen, den Bergfried von Piégut und die geschichtlich bedeutsame Anlage von Le **Roc Branlant** in Saint-Estèphe besuchen. Südwestlich von Nontron ist das Schloss von **Mareuil**, eine der vier Freigrafschaften des Périgords, zu **besichtigen**. In den Ruinen aus dem 15. und 17. Jh. wird die Erinnerung an den Troubadour Arnaud de Mareuil geweckt. Das südlich gelegene Schloss der **Bernardières** (12.-17. Jh.) und Schloss Beauvais (13.-16. Jh.) in Lussas-et-Nontroneau können ebenfalls **besichtigt werden**.

Mit der Errichtung des Regionalparks von Périgord-Limousin wird die Förderung des Fremdenverkehrs in dieser schönen Region bezweckt.

Linke Seite Das von den Dorfbewohnern restaurierte Schloss von Varaignes beherbergt ein spannendes Museum, das sich dem bäuerlichen Leben und Alltag widmet.
Oben links und rechts Im Schloss von Mareuil, Freiherrschaft des Périgord, kam der Troubadour Arnaud de Mareuil zur Welt.
Unten Von der durch Richard Löwenherz zerstörten ehemaligen Festung von Piégut ist noch der Bergfried erhalten.

Unten
Ausblick auf das malerische Dorf Saint-Jean-de-Côle mit seiner gotischen Brücke.

SAINT-JEAN-DE-CÔLE THIVIERS und SORGES

(20 km nordöstlich von Brantôme)

Saint-Jean-de-Côle ist ein reizendes kleines **Dorf**, durch das der Côle fließt, ein kühler Fluss mit Wasserfällen, über den der gewölbte Rücken einer alten **gotischen Brücke** mit Pfeilerköpfen führt. Die mit braunen Ziegeln gedeckten Häuser im Stil des Périgords haben dem Dorf den Titel der „**schönsten Dächer Frankreichs**" eingetragen. Der Hauptplatz wird auf der rechten Seite vom **Schloss von La Marthonie** und im Hintergrund von der großen **Kirche** und dem **Kloster** eingeschlossen, dem eine **Markthalle** mit bemerkenswertem Zimmerwerk vorausgeht.

Die Kirche und das Augustinerkloster wurden zwischen 1086 und 1099 vom Bischof von Périgueux, Renaud de Thiviers, gebaut. Die schöne, mit Ziegeln gedeckte **Kirche** aus grauem Granit hat einen im Périgord einmaligen Grundriss. Das große quadratische **Hauptschiff** mit nur einem Joch ist sehr hoch und trägt eine **Kuppel** mit einem Durchmesser von 12,6 Metern (die größte der Region), deren im Laufe der Jahrhundert mehrmals eingestürzte Haube heute durch eine Decke ersetzt ist. Das Kirchenschiff endet in einer fünfeckigen Apsis und zwei Chorkapellen gleicher Größe.

Innen verbindet die Kirche die Schlichtheit der **romanischen** Architektur mit der Verzierung des **Grand Siècle**. Außen bemerkt man neben dem plumpen, rechteckigen Glockenturm mit zwei Stockwerken (12. Jh.) das Chorhaupt und die Kapelle, die mit aufgesetzten Bogen verziert sind, die auf Strebpfeilersäulen ruhen, deren **Kapitelle mit biblischen Szenen skulptiert** sind: Daniel und die Löwen, Gott formt Adams Gesicht, Noahs Rausch, Mariä Verkündigung. Unter dem Dach der drei Kapellen kann man etwa **75 Sparrenköpfe** entdecken, die mit Masken, Ungeheuern, Ringern, obszönen Figuren und verschiedenen Tieren skulptiert sind.

Außer seiner Kirche hat die **Priorei** von Saint-Jean-de-Côle eine **Sakristei** (17. Jh.) und eine **Bibliothek** bewahrt, deren von Lesueur bemalte Decke ein

Rechts
Der bedeckte Marktplatz und die Kirche von Saint-Jean-de-Côle.

Oben
Das Schloss La Marthonie in Saint-Jean-de-Côle.

Medaillon mit einer „Verzückung von St. Paulus" aufweist, das Lebrun zugeschrieben wird. Sehenswert sind ebenfalls das Haus des Abtes sowie die beiden Seiten eines zweistöckigen Renaissance-**Klosters** und eine Klostermühle, die früher vom Wasser der Côle angetrieben wurde. Das an die Abtei angrenzende **Schloss von La Marthonie** (15. und 16. Jh.) kann **besichtigt** werden.

Im Süden kann man die wunderschönen Ruinen des Schlosses von **Bruzac** (13.-16. Jh.) besichtigen. In **Thiviers**, wo **Jean-Paul Sartre** seine Kindheit verbrachte, verdienen die Altstadt und das Museum der **Leberpastete** einen Besuch. Noch weiter südlich werden die mittelalterliche Brücke von **Corgnac** und das Schloss von **Laxion** (16. und 17. Jh.) den Reisenden entzücken. Unweit von Payzac in den Schluchten von Auvézère erinnert die Gedenkstätte Pont-Lasveyras an das Massaker junger Widerstandskämpfer durch Nazis. Jean-Luc Aubarbier griff ihre Geschichte in seinem Roman „Les démons de sœur Philomène" auf. In **Sorges** kann man das Ökomuseum der **Trüffel** und das Schloss von **Jaillac** (15. Jh.) besichtigen. In der Nähe von **Agonac**, das eine schöne romanische Kirche besitzt, kann die Benediktinerabtei von **Ligueux besichtigt** werden, die um 1115 von Géraud de Sales gegründet wurde.

VILLARS: PUYGUILHEM und BOSCHAUD

(12 km nordöstlich von Brantôme)

Villars könnte mit Recht „das Dorf der drei Wunder" genannt werden. Einen Kilometer nördlich erinnert das sehr elegante **Schloss von Puyguilhem** mit seiner Architektur an die Harmonie der Loire-Schlösser. Dieses im Périgord verirrte „Azay-le-Rideau" kann **besichtigt** werden. Das heutige Schloss wurde im 16. Jh. wahrscheinlich von **Mandot de la Marthonie** errichtet und von seinen Brüdern Jean und Gaston fertiggestellt, die beide von 1514 bis 1555 Bischöfe von Dax waren. Mandot, 1466 geboren, Präsident des Parlamentes von Bordeaux und anschließend von Paris, wurde von Franz I. während dessen Italienfeldzugs mit der Verwaltung des Königreichs beauftragt. Er starb 1517 in Blois.

Das in einem ländlichen Rahmen liegende Puyguilhem, zu dem eine mit Bäumen gesäumte Allee führt, besitzt ein großes Hauptgebäude, das auf der rechten Seite von einem dicken **runden Turm** flankiert wird, an den ein kleiner, achteckiger Treppenturm angebaut ist und auf der linken Seite von einem fünfeckigen Turm mit einem pyramidenförmigen Dach. Zwei Flügel ungleicher Länge vervollständigen die Rückseite des Gebäudes. Der nördliche Flügel, der an den runden Turm angebaut ist, stammt aus der Renaissance

Unten

Schloss Puyguilhem: Eine gewisse Ähnlichkeit mit Azay-le-Rideau lässt sich nicht verleugnen.

und der südliche Flügel aus dem 18. Jh. Die Fassade des Hauptgebäudes ist mit Fenstern mit steinernem Fensterkreuz und mit einer durchbrochenen Balustrade verziert, über der **drei sehr schöne Lukarnen** liegen sowie mit einem eleganten Dach, das einen herrlich skulptierten Kamin trägt. Der kleine Treppenturm schmückt sich wie der vorausgegangene Turm mit einer Verzierung im Stil Ludwigs XII. Unter den Fenstern entdeckt man **breite Platten**, die eine reiche Verzierung aus skulptierten Perlen, Kordeln, Ketten und Kronen mit Buchstaben aufweisen. Unter dem Dach weist ein Gesims eine Reihe scheinbar nach einem Geheimcode zusammengestellter Buchstaben auf. Am anderen Ende der Fassade ist die Haupttreppe in einem fünfeckigen Turm aus der Epoche von Franz I. untergebracht. Die **Kapitelle** der Tür zeigen menschliche Masken und der Türsturz einen von zwei Putten getragenen Kelch. Die Besichtigung der Innenräume beginnt mit dem Wachsaal des runden Turms, dessen Wände mit Schießscharten versehen sind und der einen mit Medaillons skulptierten Kamin besitzt. Die Küche enthält noch die Küchengeräte und einen großen Tisch. Nach dem Speisesaal kommt man in einen großen Saal mit einem schönen verzierten Kamin. Zu den **Möbeln** gehören ein flandrischer Schrank aus geschnitzter Eiche, eine spanische Truhe und ein Aubusson-Wandteppich. Man geht dann eine bemerkenswerte **Ehrentreppe** hinauf, deren herrliche Kassettendecke Abhänglinge und mit Buch-

Links
Vollendete Bildhauerkunst an der Fassade von Puyguilhem.

staben skulptierte Sockel aufweist und deren Rippen auf Skulpturen von Tieren (Stiere, Löwen, usw.) und Pflanzen aufliegen. Im ersten Stock befindet sich in einem Saal eines der seltensten Stücke: ein großer **Kamin**, dessen in Nischen unterteilter Mantel mit Skulpturen geschmückt ist, die sechs der zwölf Arbeiten von Herkules darstellen, ein wahres Meisterwerk. Im zweiten Stock kann man das Zimmerwerk aus Kastanie in Form eines umgedrehten Schiffkiels bewundern. Das Schloss beherbergt jeden Sommer wunderbare Sammlungen.

Einen Kilometer westlich davon kann die **1154 gegründete Abtei von Boschaud besichtigt** werden, eine der vier **Zisterzienserabteien** des Périgords mit Peyrouze, Cadouin und Le Dalon. Boschaud ist ein einmaliges Beispiel für eine Zisterzienserabtei, deren Kirche eine **Kuppelreihe** trug. Die heute in Ruinen liegende Kirche, deren Hauptschiff drei Joche besaß, war mit drei oder vier schlanken Kuppeln gekrönt. Heute stehen von ihr nur noch der Chor und ein Teil des Querschiffs, dessen Kuppel wiederaufgebaut wurde. Die von zwei halbkreisförmigen Apsiden umgebene Halbkuppelapsis besitzt drei Fensteröffnungen, von denen eine mit kleinen Säulen geschmückt ist. Boschaud hat einen Teil der Abteigebäude (einen Kapitelsaal mit Spitzbogenfenstern, eine romanische Sakristei, Reste des Klosters, des Schlafsaals und der Wohnräume) und der äußeren Umwallung bewahrt.

Unten
Schloss Puyguilhem bringt gekonnt den Charme der Renaissance zur Geltung.

Vier Kilometer nordöstlich von Boschaud kann die **Höhle von Villars** (oder von le Cluzeau) mit zahlreichen bemerkenswerten Tropfsteinformationen **besichtigt** werden. Sie besitzt außerdem um dreißig **Felsmalereien** und Ritzzeichnungen, die 15.000 bis 17.000 Jahre alt sind. Der lange Zugangsweg ist mit einer Linie ockerfarbener, roter und schwarzer Punkte gekennzeichnet. Zu den interessantesten Figuren gehören das berühmte „**Blaue Pferd**" und hinten in der Höhle – wie in Lascaux – die Darstellung eines von einem Bison angegriffenen Mannes. Im Laufe der Besichtigung des ausgestatteten Teils entdeckt man eine **wahre unterirdische Zauberwelt**: Weihwasserbecken, Chaos, exzentrische Konkretionen, Wasserfälle, Kerzen, Stalaktitendecke und Faltenwürfe auf einer Länge von mehreren hundert Metern. Die Höhle weist außerdem deutliche Spuren von Höhlenbären auf.

Weiter südlich kann man das Schloss **La Chapelle-Faucher** (15. und 17. Jh.) besichtigen. Während der Religionskriege ließ der Marschall von Coligny 1569 260 Bauern töten, die dort Zuflucht gesucht hatten.

Oben links

Das „blaue Pferd" in der Höhle Villars.

Oben rechts

Tropfsteinbildung in der Höhle Villars.

Links

Das Schloss von La Chapelle-Faucher.

BRANTÔME

(27 km nördlich von Périgueux)

Die in einer Schleife der Dronne liegende Kleinstadt Brantôme (2000 Einwohner) hat den Beinamen „**das Venedig des Périgords**".

Am Anfang der christlichen Ära soll in den **unterirdischen Zufluchtsstätten** von La Fontaine-du-Rocher ein Orden gelebt und St Front ein Merkurstandbild zerstört haben. Was die **Benediktinerabtei** betrifft, Stolz der Stadt, so soll ihre Gründung auf das Jahr 769 oder 786 zurückgehen. Karl der Große soll dem ganz neuen Kloster die Reliquien von St Sicaire geschenkt haben, einem der Opfer der Saints-Innocents. Die einige Jahre später von den Wikingern verwüstete Abtei wird am Ende des 10. Jh. wiederaufgebaut. Anschließend entwickeln sich die Stadt und die Abtei schnell. Du Guesclin, der die Engländer vertreiben kommt, erfährt dort, dass er zum Konnetabel ernannt worden ist. Ab 1538 lässt der Abt von Brantôme, Pierre de Mareuil, eine rechtwinklig gekröpfte Brücke über den Fluss, einen eleganten Renaissance-Pavillon und mehrere Ruhealtare im Garten der Mönche bauen. Sein ihm nachfolgender Neffe, **Pierre de Bourdeille**, ist besser unter dem Namen **Brantôme** bekannt (vgl. Biografie in Bordeilles). Die Abtei wird diesem 1557 anvertraut. Bei seinem Tod im Jahre 1614 ist die Abtei von Brantôme die wohlhabenste von Aquitanien. Aber der Abstieg kommt schnell. Während der Revolution wird die Bibliothek aufgelöst und die letzten sieben Mönche werden vertrieben.

Unten
Das von Karl dem Großen gegründete Kloster von Brantôme.

Unten
Büste des Schriftstellers Brantôme.

Oben und unten
Der Fluss Dronne brachte Brantôme den Beinamen „Venedig des Périgord“ ein.

Längs der Dronne und des Boulevards Charlemagne erhebt sich die weiße Masse der Abtei und ihrer **Kirche Saint-Pierre**. Diese zugleich romanische und gotische Kirche mit zweijochigem Hauptschiff, das im 12. Jh. mit Kuppeln gekrönt war, besaß in der Gotik ein Anjou-Gewölbe (Kreuzrippengewölbe). Heute besichtigt man ein in der Mitte des letzten Jahrhunderts vom Architekten Abadie völlig restauriertes Gebäude. Im Chor mit flachem Chorhaupt, erhellt durch drei Fensteröffnungen, stehen sich zwei skulptierte Holztafeln gegenüber. Man kann ein romanisches Kapitell entdecken, das als Weihwasserbecken dient und eine sehr schöne Skulptur auf Platte aus dem 14. Jh., die die Taufe Christi darstellt.

Auf der Nordseite der Kirche ist der 60 m hohe **Glockenturm** unbestreitbar der schönste des Périgords. Vor kurzem durchgeführte Studien verlegen seine Errichtung in die karolingische und sogar westgotische Epoche, was ihn zum **ältesten Kirchturm von Frankreich** machen würde. Er besteht aus vier kleiner werdenden Stockwerken und ist im oberen Teil mit **Giebeln** geschmückt. Zusätzlich zu einem pyramidenförmigen Steindach weist er auf seinen verschiedenen, mit Fensteröffnungen versehenen Stufen Kapitelle auf, die mit Blättern und Flechtwerk in einem sehr altertümlichen Stil skulptiert sind.

Vom Renaissance-Kloster steht nur noch eine Galerie sowie ein Kapitelsaal mit Flamboyant-Gewölben und Rippensäulen. Durch diese Galerie gelangt man zur Benediktinerabtei, die heute Eigentum der Gemeinde ist. Die aus dem 17. Jh. stammenden Gebäude können **besichtigt** werden. Eine schöne klassizistische Treppe ohne Pfeiler führt zu zwei großen Sälen. Im ehemaligen Schlafsaal der Mönche ist das Zimmerwerk in Form eines umgedrehten Schiffkiels sehr bemerkenswert. Verschiedene Ausstellungen finden darin statt. In der Abtei zeigt ein **Museum** mit drei Abteilungen bedeutende prähistorische Funde, Möbel und Gemälde sowie die sehr sonderbaren, medienhaften Werke des Malers Fernand Desmoulin (1857-1914). Hinter der Abtei findet man die Fontäne Saint-Sicaire mit fruchtbarkeitsfördernden Eigenschaften sowie die eingerichteten **Grotten**, Zeugen einer Höhlenheimstätte. Eine von ihnen enthält Skulpturen unbekannter Herkunft: „**Der Triumph des Todes**" oder „**Das Jüngste Gericht**" (Ende 15. Jh.) und „**Die Kreuzigung**" (16. oder 17. Jh.). Diese Grotte wurde in einen Theatersaal verwandelt.

Oben
Grotte und Kloster in Brantôme zeugen von menschlicher Präsenz seit Anbeginn des Christentums.

Einige Meter davon entfernt, gegenüber dem Turm Saint-Roch, bewacht ein eleganter **Renaissance-Pavillon**, dessen Fenstern mit steinernen Fensterkreuzen von Pilastern und kleine Säulen umgeben sind und auf dessen Tür die Wappen von Pierre Mareuil zu sehen sind, die kleine **gekröpfte Brücke** mit Pfeilerköpfen, die über die Dronne führt. Man hat von dort aus einen herrlichen Blick auf die Abtei, auf das Schaufelrad und das Laubwerk des Flusses und gelangt über sie in den öffentlichen Park, den ehemaligen „Garten der Mönche", in dem man sich auf den Bänken der großen **Ruhealtäre** aus dem 16. Jh. ausruhen kann. Weitere Sehenswürdigkeiten sind das Schloss von La Hierce (16. Jh.) und der botanische Garten von Alaije mit seinem mittelalterlichen Gemüsegarten.

Oben
Die Grotte des „Jüngsten Gerichts" in Brantôme.

Unten
Der Renaissance-Pavillon von Brantôme.

Brantôme, Fremdenverkehrshauptstadt des nördlichen Périgords, genießt außerdem ein intensives kulturelles Leben, dessen Höhepunkt im Sommer das **Internationale Festival des klassischen Balletts** ist, das 1958 von Jacqueline Rayet ins Leben gerufen wurde. Die „Grotte des Jüngsten Gerichts" bietet diesem Festival einen zauberhaften Rahmen, der Tänzer und die 1.200 Zuschauer zu einem tausendjährigen Ritus versammelt: dem Kult der Schönheit. Die Abtei beherbergt ebenfalls das Europäische Studienzentrum für die westliche Spiritualität. Ein Spaziergang von 1 km bringt Sie zu dem schönen **Dolmen** des **Pierre-Levée**.

Rechts

Der sogenannte „Pierre Levée"-Dolmen.

Oben
Der mittelalterliche Bergfried der Burg von Bourdeilles, Freiherrschaft des Périgord.

BOURDEILLES

(24 km nordwestlich von Périgueux)
In einem malerischen Rahmen, über die Dronne und ihr Dorf ragend, umschließt die Umwallung von Bourdeilles tatsächlich zwei Schlösser: eine **mittelalterliche Festung** und einen **Renaissance-Wohnsitz**. Historisch kann die erste Spur eines Herren von Bourdeilles bis in Jahr 1044 zurückverfolgt werden. Er war in dieser Epoche ein bedeutende Persönlichkeit, **einer der vier Barone des Périgords**. Das Lehen ist anschließend Gegenstand zahlreicher Familienstreitigkeiten, und die Barone leisteten abwechselnd den Äbten von Brantôme, dem König von Frankreich, dem König von England und dem Grafen von Périgord Eid. 1259 tritt Ludwig der Heilige das Schloss den Engländern ab. Einige Jahre später bemächtigt sich **Géraut de Maumont**, Ratgeber von Philipp dem Schönen, des Schlosses und lässt zwischen 1238 und 1298 die mittelalterliche Festung bauen. Das Renaissance-Schloss ist das Werk vonJacquette de Montbron, Schwägerin von Brantôme. Sie zeichnete selbst die Pläne dieses Wohnsitzes, der dazu bestimmt war, traditionsgemäß Catherine de Medicis zu empfangen, die jedoch niemals hierher kam. **Jacquette de Montbron** starb 1598 vor Beendung der Bauarbeiten und ohne die herrlichen Saaldecken gesehen zu haben, die der italienische Maler der Schule von Fontainebleau, **Ambroise Le Noble**, während seines Aufenthaltes von 1641 bis 1644 in Bourdeilles dekorierte.

Vor der Besichtigung des Schlosses sollte man sich an eine Persönlichkeit erinnern, die unlösbar mit Bourdeilles verbunden ist: **Pierre de Bourdeille**,

„**Brantôme**“ genannt (1538-1614), einer der berühmtesten Schriftsteller des Périgords. Als dritter Sohn der Familie ist er ganz natürlich für den geistlichen Stand bestimmt. 1557 gewährt ihm Heinrich II. die Nutzen der Abtei von Brantôme. Da er für das religiöse Leben wenig Neigung empfand, wurde er niemals ordonniert. Er reist viel, zunächst nach Italien (1558 und 1559). Dann begleitet er 1561 die unglückliche Königin von Frankreich, Mary Stuart, in ihr schottisches Exil. Ein kurzer Aufenthalt am Hof von Karl IX. und schon bekämpft er an der Seite von François de Guise die Protestanten, bevor er neue Reisen unternimmt. 1564 lässt er sich in der spanischen Armee anwerben, kämpft in **Marokko** und begibt sich nach **Portugal**. 1566 befindet sich unser Abt in **Malta**, wo er an dem Kreuzzug gegen die Türken teilnimmt. Vielleicht spielte er bei dieser Gelegenheit sogar ein wenig **Pirat**. Er kämpft bis 1596 bald hier und bald dort in Frankreich. Dann zwingt ihn eine Krankheit, fast ein Jahr in seiner Abtei zu bleiben. Wie ein echter Conquistador bereitet er darauf eine Expedition nach **Peru** vor, aber das Vorhaben scheitert. 1582, nach dem Tod seines ältesten Bruders, sieht er sich seines Erbes enteignet und Heinrich III. verweigert ihm den Titel eines Seneschalls von Périgord. Er spielt darauf mit dem Gedanken, sein Land zugunsten Spaniens zu verraten, aber ein schwerer Sturz vom Pferd lähmt ihn. Körperlich, aber nicht geistig gebrochen, residiert er von 1583 bis 1587 in seiner Abtei von Brantôme oder im **Schloss** von **Richemont**, das er erbauen ließ und widmet seine ganze Energie dem Schreiben von Büchern. Nach einem kurzen Aufenthalt am Hof, zieht er sich endgültig auf seinen Besitz zurück. Er stirbt am 5. Juli 1614 im Schloss von Richemont (16.-17. Jh.), das **besichtigt** werden kann. (s. Grab von Brantôme mit einer sonderbaren Verzierung aus Schädeln, überkreuzten Schienbeinen und silbernen Tränen). Seine Werke wurden erst nach seinem Tod in Leyden (Holland)

Unten
Das Renaissance-Palais von Bourdeilles.

veröffentlicht. Heute sind seine beiden bekanntesten Werke „*Les Vies des hommes illustres et des grands capitaines*" und sein Meisterwerk, „***Les Dames galantes***", eine Galerie pikanter Porträts sowie lockerer und schlüpfriger Geschichten.

Das Schloss von Bourdeilles, dass seit 1960 dem Département gehört, kann **besichtigt** werden. Vom Eingang aus, der von zwei runden Türmen mit Pechnasen aus dem 15. Jh. eingefasst wird, erblickt man die Renaissance-Arkade des Eingangs der Seneschalle und das Portal des Oratoriums. Wenn man rechts herum geht, gelangt man zu der Aufschüttung, auf der die beiden Schlösser stehen. Die von Gérard de Maumont, Ratgeber von Philipp dem Schönen, am Ende des 13. Jh. errichtete Festung wurde im 15. Jh. umgebaut. Man besichtigt auf dem Standort ehemaliger Wohngebäude aus dem Mittelalter einen gepflasterten Hof mit seinem Brunnen, der von hohen Mauern umgeben ist. Diese haben Fenster mit Fensterbänken und tragen Wehrgänge, über die der beeindruckende, **achteckige Bergfried** von 38 Metern ragt, der am Anfang des 15. Jh. errichtet wurde und mit Recht als einer der schönsten des Périgords gilt. Man entdeckt dort die Verliese und drei Etagen mit Spitzbogengewölben, die durch Schießscharten-Fenster erhellt werden. Die Wendeltreppe führt auf seine mit Zinnen verzierte Spitze, von der aus man ganz Bourdeilles betrachten kann. Die Herrenhäuser, die an den Turm grenzen, erlauben, im ersten Stock einen großen Saal mit Rundbogengewölbe zu bewundern, der mit Kieseln gepflastert ist und ein doppeltes Fenster aus dem 13. Jh. besitzt. Der in ein **Museum** verwandelte Renaissance-Palast enthält eine sehr interessante **Sammlung von Möbeln** aus dem 16. und 17. Jh., zum größten Teil burgundisch oder spanisch sowie zahlreiche Rüstungen und Kunstwerke: eine Reproduktion des Wandteppichs von Bayeux, eine herrliche Grablegung mit acht Figuren (16. Jh.), einen hölzernen Christ (13. Jh.), usw. Im ersten Stock werden die Wände des Speisesaals mit dem Renaissance-Kamin durch Wandteppiche aus dem 15. und 18. Jh. und Porträts geschmückt. Das Meisterwerk von Bourdeilles ist der „goldene Salon" (15 m x 10 m) mit monumentalen Kaminen, dessen Decke und Täfelungen von Ambroise Le Noble verziert wurden. Er enthält prächtige Möbel und schöne Wandteppiche aus dem 16. und 17. Jh. Jeden Sommer nimmt das Schloss bemerkenswerte Ausstellungen auf.

Unten
Wie ein Schiff aus Stein: die Mühle von Bourdeilles.

RIBERAC

(37 km westlich von Périgueux)

Am Rand des sumpfigen Waldes von La Double, mangelt es der Kleinstadt **Ribérac** nicht an Charme. Die Kirche Notre-Dame ist sehenswert. Ribérac bewahrt die Erinnerung an den berühmten Troubadour **Arnaud Daniel**, Dichter des von Dante, Petrarca und Aragon gerühmten „trobar clus". Nahe bei Ribérac kann man den merkwürdigen römischen Turm des Schlosses von **La Rigale** sehen und die Hospitaliterkommende von **Comberanche** (14.-17. Jh.).

Das Gebiet von Ribérac ist für Touristen auf Grund seiner Straße der **romanischen Kirchen mit Kuppeln**, den schönsten des Périgords, interessant. Im Süden von Ribérac entdeckt man **Saint-Martin** (12. Jh., mit zwei Kuppeln), **Segonzac** (11. Jh., skulptierte Kapitelle), **Siorac** (12. Jh., befestigt, Kuppeln) und **Saint-André-de-Double** (12. und 14. Jh., befestigt). Im Nordosten ist die Kirchenburg von **Grand-Brassac** ein Meisterwerk. Ebenfalls sehenswert sind die Kirchen von Celles (12. Jh., befestigt), von **Paussac**, von **Saint-Vivien** und die Ruinen des Schlosses von **La-Tour-Blanche**. Nördlich von Ribérac sind es die Kirchen von: Allemans (romanisch, befestigt), **Cherval** 11.-12. Jh.), eine der schönsten, mit ihren vier Kuppeln, ihren Skulpturen und Festungswerken, **Vendoire** (skulptierte Saintonge-Fassade) und **Bouteilles** (schlichte Festung). In Champagne-et-Fontaine ist das Schloss Clauzuroux (16.-18. Jh.) zu besichtigen.

Im Westen muss man unbedingt die Kirchen von **Saint-Privat-des-Près** (12. Jh., stark befestigt) und von **Aubeterre** (romanisch, **Monolith**, vormals im Périgord, heute in Charente) besichtigen. In der Kirche von Aubeterre befindet sich ein ausgesprochen gut erhaltenes, seltenes Mithräum. Weitere bemerkenswerte Bauwerke im Umkreis sind die Kirchen von **Festalemps** (mit Kuppeln, befestigt) und von **Vanxains** (11.-12. Jh., mit asymmetrischem Grundriss, befestigt und skulptiert). Ebenfalls sehenswert sind: in Vanxains die Bauflucht von **Sauteranne**, Bourg-du-Bost, Ponteyraud, Saint-Antoine-Cumong und weiter südlich, die schöne Kirche von **Saint-Aulaye** (skulptierte Saintonge-Fassade) sowie die von **Chenaud** (12. Jh., Skulpturen).

Oben
Die Kirche von Ribérac hält die Erinnerung an den Troubadour Arnaud Daniel wach.

Unten
Das Dorf Vanxains lockt mit einer Wehrkirche.

Das purpurne Périgord

Das Gebiet von Bergerac ist vor allem ein Land der Weinberge. Liegt es noch im Périgord oder bereits schon im Gebiet von Bordeaux? Wir sind im Purpurnen Périgord, einer Landschaft mit kurzen Hängen, an denen die Weinstöcke dicht gedrängt emporklettern. Ein Land des angenehmen Lebens, das ebenfalls verstanden hat, die größten französischen Philosophen auf seinem Erdboden aufzuziehen und reifen zu lassen: Michel de Montaigne und Maine de Biran.

Linke Seite
Die „Librairie" von Montaigne, in der die Memoiren des berühmten Philosophen aufbewahrt werden.

Unten
Reife Trauben in den Weinbergen von Monbazillac.

BERGERAC

Bergerac, Unterpräfektur der Dordogne, zweitgrößte Stadt des Départements (30.000 Einwohner), ist die Hauptstadt des südwestlichen Périgords, einer auf das Gebiet von Bordeaux hinausgehenden Region, die man das Weinland oder das **Purpurne Périgord** nennen könnte. Bergerac ist ein aktives Industriezentrum. Man findet dort auch das bedeutende Forschungszentrum des Landesinstituts des Tabaks, der viel in der Dordogne produziert wird. Und schließlich ist seine intellektuelle Rolle nicht unbedeutend. Aber hier herrscht vor allem der **Wein** über die Landschaft und die Wirtschaft. Die 40.000 ha der Wein-

berge liefern 75 % der Produktion des Départements. Jeder Genossenschaftskeller bietet sein wertvolles Getränk zur Weinprobe an, insbesondere die **Weinkeller** von Bergerac und Monbazillac, die auch **besichtigt** werden können. Die Weine von Bergerac sind von Nordosten nach Nordwesten: der unter Weinkennern hochgeschätzte **Pécharmant** (zu besichtigendes Weingut Tiregand, 17. Jh.), der **Rosette**, fruchtig, die **Côtes-de-Bergerac**, weiß oder rot und der bereits von Montaigne geschätzte Montravel, ein weicher und voller Weißwein. Im Süden findet man den **Monbazillac**, den berühmtesten der Weine und um Sigoulès, den von Rabelais gerühmten **Saussignac**.

Es muss zugegeben werden, dass die berühmteste Persönlichkeit von Bergerac niemals „die grüne Milde der Abende an der Dordogne" gekannt hat. Denn der Philosoph, Essayist und Dramatiker **Savinien de Cyrano** (geboren 1619 in Paris, gestorben 1655 in Sannois (Val d'Oise), Autor des „*La Mort d'Agrippine*", der „*Histoires comi-*

Links

Die Statue des Cyrano von Bergerac.

Unten

Die Dordogne bei Bergerac.

ques des Etats et Empires de la lune" (1657 und der „*Histoires comiques des Etats et Empires du soleil*" (1662) war ein waschechter Pariser. Als er in die Kadettenkompanie von Gascogne eintrat, nahm er auf ganz natürliche Weise den Namen von Bergerac an. Er besaß nämlich das Lehen von „Bergerac" (heute Sous-Forêts), ganz in der Nähe von Dampierre en Yvelines (78).

Es war **Edmond Rostand**, der ihn 1897 in seinem berühmt gebliebenen Theaterstück zu einem feurigen Gascogner mit legendärer Nase machte, der ein ebenso gewandter Soldat wie Dichter war. Er ließ in seinem Drama Personen auftreten, die tatsächlich im Leben des wahren Cyrano existiert hatten.

Desgleichen scheint sein sonderbarer Tod völlig authentisch zu sein. Auch wenn Cyrano nicht aus dem Périgord stammt, hat er doch Bergerac in ganz Frankreich berühmt gemacht. Erwähnen wir hier auch den Philosophen **Maine de Biran**, der im Schloss von Grateloup, in den Weinbergen von Pécharmant, lebte.

Die Geschichte von Bergerac seit dem Mittelalter lässt sich in drei Worten zusammenfassen: der Fluss, der Wein, die Brücke. Auch wenn die Dordogne den idealen Weg für die Invasionen der Barbaren, Araber und Wikinger darstellte, war sie doch auch der der wirtschaftlichen Entwicklung. Bergerac wurde ein **wichtiger Hafen** für die Lastkähne, die den Warenverkehr zwischen der Auvergne und dem Gebiet von Bordeaux sicherten. Da es auf dem Weg nach Compostelle lag, stattete sich Bergerac im 9. Jh. mit einer Brücke aus, um die sich die Stadt nach und nach entwickelte. Seit dieser Epoche erfrischten die Weine von Bergerac die englischen und holländischen Kehlen. 1254 erlaubten die Erbstreitigkeiten des Hauses Rudel, Eigentümer der Stadt, den Engländern, im westlichen Périgord Fuß zu fassen. Es bedurfte des Einschreitens von Du Guesclin, um die Stadt zu befreien.

Oben
Die historische Altstadt von Bergerac und ehemalige Hochburg der Hugenotten.

Bergerac wird im 12. Jh. zur Freistadt erklärt, d.h. nicht der Autorität eines Lehnsherren unterstellt, aber die Konsulargewalt wird erst ein Jahrhundert später wirklich eingerichtet. Ab 1545 dringt der **kalvinistische Glaube** unter dem Einfluss der Königin von Navarra und ihres Gefolges, die in der benachbarten Stadt Nérac residierten, tief in die intellektuellen und bürgerlichen Kreise ein.

Bergerac empfängt Jeanne d'Albret und ihren Sohn Heinrich von Navarra 1568 mit offenen Armen. Nach der Bartholomäusnacht (1572) wird die Stadt nach Pierre Barrière „**die intellektuelle Hauptstadt der protestantischen Welt**". Aber 1620 wird sie von den königlichen Truppen eingenommen. Richelieu lässt ihre Wälle 1629 niederreißen. Viele Hugenotten wanderten in dieser Zeit nach Holland oder England aus.

Die Altstadt wird vom Fluss und den Straßen Saint-Esprit, Neuve d'Argenson und Résistance, die dem Verlauf der ehemaligen Stadtwälle folgen, begrenzt. Ganz in der Nähe des früheren Klosters der Dames de la Foi, das heute als Rathaus dient, beherbergt das **Haus Peyrarède** oder Schloss Heinrich IV. das in Frankreich einmalige **Museum des Tabaks**, in dem die Geschichte des „Krautes von Nicot" darstellt wird, das im 16. Jh. importiert worden war. Ab 1647 ist sein Anbau in Frankreich reguliert. Das 1816 eingerichtete Monopol beschränkt die Produktion dieser Pflanze auf das Agenais, das Périgord und das Quercy. Das Museum umfasst vier Teile: einen geschichtlichen Über-

Rechts
Die Kirche Saint-Jacques von Bergerac.

blick über den Tabak, eine Vorstellung der damit verbundenen Techniken (Anbau, Herstellung, Vertrieb), eine Sammlung von Rauchergegenständen und schließlich eine Reihe Kunstwerke (Gemälde, Fayencen), deren gemeinsames Thema der Tabak ist. Das Haus Peyrarède enthält ebenfalls ein **Heimatkundemuseum** mit einer interessanten Abteilung über die Vorgeschichte.

Vom ehemaligen **Rekollektkloster** stehen noch zwei seiner Flügel. Dieses zu **besichtigende** Gebäude, das Baukunstelemente aus dem 14. und 17. Jh. aufweist, ist der Sitz des „Conseil interprofessionnel des vins de la région de Bergerac". Empfänge und feierliche Einführungen zur Weinlese finden in ihm statt.

Die **Rue de la Myrpe**, eine der angenehmsten der Stadt, ist mit alten Fachwerkhäusern, manchmal aus Strohlehm, geschmückt. Die Rue des Conférences verdankt ihren Namen dem Frieden von Bergerac (1577), der zwischen dem König von Navarra und den Vertretern von Heinrich III. abge-

Unten

Blühender Tabak vor dem „Institut du tabac" in Bergerac. Neben Tabak gehören der Anbau von Walnüssen, Erdbeeren, Trüffelpilzen und Getreide, die Viehzucht und der Weinbau zu den traditionellen Tätigkeiten des Périgord.

schlossen wurde und der dem 6. Religionskrieg ein Ende setzte. Man findet dort das **Museum des Weines und der Fluss-Schifffahrt**. Nachdem man die Fontäne und den Place Pelissière bewundert hat, gelangt man zur Kirche Saint-Jacques, die bereits im 11. Jh. erwähnt wurde und als Raststätte auf dem Weg nach Compostelle diente. Sie wurde nach der Zerstörung im Laufe der Religionskriege im 19. Jh. wiederaufgebaut, hat jedoch ihren Glockenturm und ihre spätgotischen Fenster bewahrt. Ganz in der Nähe befindet sich das Museum für sakrale Kunst.

Die Rue Saint-James mit ihren Häusern aus dem 15. und 16. Jh. sowie die Rue des Fontaines mit ihrem „alten Gasthof" aus dem 14. Jh. bilden eine sehr gelungene Einheit, durch die man gerne schlendert. Auf dem Place du Marché erhielt das „Haus Karl IX." den Besuch dieses Königs am 8. August 1565.

Im Norden von Bergerac sollte man das Schloss von Monclar (15.-17. Jh.), Schloss Barrière (15.-16. Jh.) in Villamblard, die mittelalterlichen Gärten von La Brande in Fouleix sowie das Napoleon-Museum von Schloss La Pommerie in Cendrieux besichtigen. Stromaufwärts an der Dordogne liegt das zu besichtigende Schloss von **Lanquais** (15.-17. Jh.), Besitz der schönen **Ysabeau de Limeuil**, Mitglied des „fliegenden Schwadrons" von Marie de Medicis. Am anderen Ufer kann man das Schloss von **Baneuil** (13.-15. Jh.) besichtigen. Wenn man noch weiter am Fluss hochfährt, entdeckt man die Papiermühlen von **Couze** (Besichtigung) und die Bastide von **Lalinde** (schöne Aussicht ab der Kapelle Saint-Front).

Oben

Am Schloss von Lanquais sind noch die Spuren des Angriffs von Henri de La Tour-d'Auvergne im Jahre 1577 zu sehen.

Unten

Lalinde an der Dordogne

MONBAZILLAC

(6 km südlich von Bergerac)

Das dicht am Dorf gelegene **Schloss** von Monbazillac, das mitten in den Weinbergen liegt und **besichtigt** werden kann, wurde um 1550 von François d'Aydie und seiner Gemahlin, Françoise de Salignac, gebaut und von Charles d'Aydie und Jeanne de Bourdeille beendet. Da es seit der **Renaissance** praktisch nicht umgebaut wurde, hat es eine große Authentizität bewahrt. Das von vier dicken Rundtürmen eingefasste Herrenhaus hat eine Fassade, die mit Fenstern mit steinernem Fensterkreuz verziert ist. Ein mit Zinnen geschmückter Wehrgang, über dem hohe Lukarnen zu sehen sind, läuft um das ganze Schloss. Das Dach aus rötlichen Ziegeln, das das Gebäude aus grauen Steinen bedeckt, trägt mit Lilien verzierte Wetterfahnen. Trockene Schlossgräben vervollständigen das Verteidigungssystem dieses Vergnügungsschlosses, das, obwohl im 16. Jh. erbaut, einen deutlichen mittelalterlichen Charakter aufweist.

Das Schloss, Eigentum des Genossenschaftskellers von Monbazillac, beherbergt mehrere **Museen**. Der große Saal mit französischer Decke besitzt einen monumentalen Kamin aus dem 16. Jh. und zwei flandrische Wandteppiche aus dem 17. Jh. In den verschiedenen Sälen kann man Möbel des Périgords, Kupferstiche und alte Karten, Medaillen und Zeichnungen von **Sem** entdecken, einem aus dem Périgord stammenden Karikaturist der Belle Epoque sowie einen geschichtlichen Überblick über den Protestantismus im Gebiet von Bergerac, denn das Schloss diente lange als Kirche. Im ersten Stock ist das Schlafgemach der Vicomtesse de Monbazillac im Stil Ludwig XIII. wiederhergestellt worden. In den **Kellern** befindet sich natürlich ein Weinmuseum (**Probierstube** und Kaufmöglichkeit im Schloss selbst). Man kann auch durch den 4 ha großen Park schlendern und von den Terrassen aus über die Weinberge, das Tal und Bergerac blicken.

Jeder Weinkenner wird das Schloss von Monbazillac auf den Etiketten des berühmtesten Weines der Region erkennen. Der **Weinberg**, der einen likörartigen und fruchtigen Weißwein erzeugt, hat eine Größe von ca. 3.000 ha. Er wurde im 11. Jh. von Mönchen angelegt und entwickelte sich stark im 17. Jh., als der Export nach Holland zunahm. Ebenfalls das Schloss **Bridoire** (15. Jh.) besichtigen, das der Familie des Paters Charles de Foucauld gehörte.

Oben
Weinstöcke und Weingut-Schloss in Monbazillac.

SAINT-MICHEL-DE-MONTAIGNE und MONTCARET

(41 km westlich von Bergerac)

An der Grenze zwischen Gironde und Dordogne, in einem zu **besichtigenden Schloss**, das von Weinbergen umgeben ist, die einen weichen und vollen Weißwein, den Montravel, hervorbringen, den der Philosoph liebte, erwartet uns das berühmteste Kind des Périgords, einer der Leitsterne der Menschheit: **Michel de Montaigne** (1533-1592). Er stammte väterlicherseits von einer geadelten Kaufmannsfamilie ab und mütterlicherseits von Nachkommen reicher spanischer Juden. Montaigne wird am 28. Februar 1533 im Schloss geboren. 1554 wird er, da sein Vater Bürgermeister von Bordeaux ist, mit 21 Jahren zum Rat am Cour des Aides von Périgueux ernannt. Er tritt 1557 in das Parlament von Bordeaux ein, wo er mit dem aus Sarlat stammenden und drei Jahre älteren **Etienne de La Boëtie** Freundschaft schließt. Diese beispielhafte Freundschaft mit dem, den Montaigne als seinen Lehrmeister ansah, dauerte sechs Jahre lang bis zum Tod von La Boëtie am 18. August 1563. Er heiratet am 22. September 1565 Françoise de La Chassaigne, die ihm sechs Töchter schenkt, von der nur eine überlebte. Nach dem Tod seines Vaters im Jahre 1568 wird er Herr von Montaigne und betont seine Zugehörigkeit zum Périgord. Indem er Caesar parodiert, zögert er nicht zu schreiben: „ und wäre auf gut Glück lieber zweiter oder dritter in Périgueux als erster in Paris „. Nach Verkauf seines Ratsamtes im Parlament zieht er sich 1571 auf seinen Besitz zurück. 1572, im Jahr des Massakers der Bartholomäusnacht, beginnt er mit der **Abfassung** seiner „***Essais***“. Bis ins Jahr 1580 verlässt er sein Schloss nur wenig und obwohl ihn

Unten

Blick vom „Librairie“-Turm auf das Schloss von Montaigne.

Heinrich von Navarra zum Edelmann seiner Kammer erhoben hatte, widmete er seine Zeit der Abfassung den beiden ersten Teilen seines Werks. Am 1. März 1580 erscheint die erste Ausgabe der „*Essais*". Montaigne begibt sich nach Paris, um sein Buch Heinrich III. vorzustellen und unternimmt dann eine **lange Reise** durch Frankreich, die Schweiz und Italien. Am 7. September 1581 erfährt er in Lucques, dass er für zwei Jahre zum **Bürgermeister von Bordeaux** ernannt worden ist. Am 30. November ist er in Montaigne. Während seiner zwei aufeinanderfolgenden Mandate zeichnet sich Montaigne, der gleichzeitig die Korrektur seiner „*Essais*" fortsetzt, durch seine **Toleranz** und sein Bestreben, den Frieden zu erhalten, aus. Im Dezember 1584 empfängt er in seinem Schloss den zukünftigen Heinrich IV.

1585 vertreibt ihn die Pest aus der Stadt. Auf sein Schloss zurückgezogen, widmet er sich nur noch der Abfassung seiner Werke. Seine Ruhe wird jedoch durch den Besuch des „Béarnais" im Jahre 1587 gestört, am Tag nach der Schlacht von Coutras. Noch immer an den Änderungen seiner „*Essais*" arbeitend, denen er zwanzig Jahre seines Lebens gewidmet hatte, stirbt Montaigne am 13. September 1592 in seinem Schloss.

Das durch einen Brand im 19. Jh. zerstörte **Schloss** von Montaigne wurde in einem Neorenaissancestil wiederaufgebaut, dem es nicht an Glanz fehlt. Nach Durchschreiten eines Portals und Betreten eines von einem Wall umschlossenen Hofs entdeckt man den einzigen Rest aus dem 16. Jh., Gegenstand zahlreicher literarischer Wallfahrten, den runden Turm, die „Librairie", die durch einen kleinen Treppenturm mit einem hohen quadratischen Herrenhaus verbunden ist. Im Erdgeschoss befinden sich die Kapelle und die Klause, von der aus Montaigne der Messe beiwohnte. Eine Wendeltreppe und eine niedrige Tür führen auf der Etage zu dem „cabinet bien expoli", zur „**Librairie**", einem spartanischen Raum, der durch einen einfachen Kamin geheizt wird und dessen **Balken** etwa 54 gemalte oder eingravierte **griechische** und **lateinische**, stoische, epikureische und skeptische **Devisen** aufweisen, wahre Synthese des Überzeugung von Montaigne.

Die Landschaft, die man durch die Fenster entdeckt, bewahrt noch die Erinnerung an den Philosophen: die Allee, in der er spazieren ging und die Zwischenwälle, auf denen er den Bau eines friedlichen Wehrgangs für seinen Spaziergang plante. Ganz in der Nähe kann man die galloromanische Villa von **Montcaret**, der ein merowingisches Priorat folgte, sowie die bezaubernden Gärten von Sardy in Vélines besichtigen.

Oben
Gallisch-römische Villa in Montcaret.

Inhalt

Danksagung

Wir möchten dem Fremdenverkehrsamt der Dordogne für die freundliche Unterstützung und Bereitstellung diverser Unterlagen danken:

Comité Départemental du Tourisme de la Dordogne
25 rue du Président Wilson, BP 2063, 24 002 Périgueux Cedex
Tel.: +33 (0)5 53 35 50 24/Email: dordogne.perigord.tourisme@wanadoo.fr
Website: www.dordogne-perigord-tourisme.fr

Herausgeber: Hervé Chirault
Grafische Gestaltung und Layout: Nord Compo, Villeneuve d'Ascq (59)
Editorische Bearbeitung: Isabelle Rousseau
Kartografie: Philippe Rekacewiz und Cécile Marin
Fotogravüre: graph&ti, Cesson-Sévigné (35)
Druck: Pollina, Luçon (85) - L79491A

ISBN: 978-2-7373-7085-4
Herausgeber-Nr.: 8179-02-0,5-02-17
Gesetzliche Hinterlegung: März 2016.
Printed in France